HEINZ-PETER ZIERHOLZ

Arbeiterschaft und Recht in Brandenburg-Preußen 1648-1800

HERMANN BÖHLAUS NACHFOLGER
16 24
WEIMAR

HEINZ-PETER ZIERHOLZ

Arbeiterschaft und Recht in Brandenburg-Preußen 1648-1800

1985
HERMANN BÖHLAUS NACHFOLGER
WEIMAR

Erschienen bei Hermann Böhlaus Nachfolger,
DDR-5300 Weimar, Meyerstr. 50a

Lizenznummer: 272-140/172/85
Printed in the German Democratic Republic
Gesamtherstellung: VEB Druckhaus Köthen
LSV 0415
L.-Nr. 2603
Bestellnummer: 795 712 5
01600

Inhalt

VORWORT

Die Zeitspanne von 1648 bis etwa 1800 markiert einen wichtigen Abschnitt in der Geschichte Brandenburg-Preußens. Es vollzog sich der Übergang vom Kurfürstentum zum aufgeklärten Absolutismus; die alte Zunft- und Gildeordnung war unter dem Einfluß der sich entwickelnden Manufakturwirtschaft und der ersten aufstrebenden kapitalistischen Industrien mehr und mehr dem Zerfall preisgegeben. Mit dem ersten Auftreten kapitalistischer Unternehmungen und der mit ihnen notwendig entstehenden Arbeiterschaft sind auch tiefgreifende Wirkungen auf das bestehende Recht verbunden gewesen. Eine der wohl bedeutendsten Erscheinungen juristischer Art war die Herausbildung spezifischer Rechtsvorschriften zur Regelung der Arbeit in den kapitalistischen Unternehmungen, die Entwicklung eines Arbeitsrechts kapitalistischer Prägung. Hiermit eng verbunden waren Neuregelungen zum Beispiel auch im Strafrecht. Unter diesem Blickwinkel werden im folgenden Untersuchungen zur Geschichte des Arbeitsrechts und des Strafrechts vorgelegt; hierbei erfolgt eine Beschränkung auf die arbeitsrechtlichen und strafrechtlichen Verhältnisse, die in den städtischen kapitalistischen Produktionsstätten oder in enger Verbindung zu diesen vorherrschten. Die Arbeiterschaft, ihre Herausbildung, Zusammensetzung, Stellung und Behandlung sowie ihre ersten Auseinandersetzungen mit den Unternehmern stehen im Zentrum der Untersuchungen. Insoweit versteht sich diese Arbeit auch als ein Beitrag zur Erforschung der Geschichte der Arbeiterschaft. Die sich entwickelnde kapitalistische Produktion führte zur Entstehung zweier Schichten, die das Feudalsystem gesetzmäßig sprengen mußten. Die rechtlichen Reaktionen des feudalen Staates auf das Auftreten der neuen, kapitalistischen Produktionsweise und der sie tragenden großen Menschengruppen waren sehr differenziert. Entsprechend dem Entwicklungsstand der Produktionsverhältnisse in dieser Übergangsperiode gab es eine Reihe von rechtlichen Regelungen, die wohl noch den Stempel ihrer feudalistischen Herkunft trugen, aber auch bereits den Anforderungen der kapitalistischen Produktion gerecht wurden.

Die untersuchte Zeitspanne wird einheitlich geprägt von der Gründung erster kapitalistischer Unternehmungen, von dem Entstehen kapitalistischer Produktionsverhältnisse, der Herausbildung einer sich zur Klasse entwickelnden Kapitalistenschicht und dem Aufkommen der Arbeiterschaft, also der sich zur Klasse entwickelnden Proletarier.

Der Feudalismus befand sich bereits in der Krise, wenn auch nicht, wie Schilfert einmal zu Recht feststellte, in deren letztem Stadium. Charakteristisch ist, daß sowohl in der Kapitalistenschicht als auch in der Arbeiterschaft vielfältige Elemente aus dem feudalen Gesellschaftsaufbau enthalten waren. Wenn auf der einen Seite Angehörige des Feudaladels kapitalistische Unternehmungen betrieben, fanden sich andererseits Bauern, Handwerker, ländliche Tagelöhner, entlassene Soldaten und Bettler sowie Frauen und Kinder als Arbeiterschaft in den kapitalistischen Produktionsunternehmungen ein. Teilweise verfügten sie noch über eigene Produktionsmittel, ja sogar über eigene Werkstätten und damit über die Möglichkeit, in einem gewissen Umfang noch andere ausbeuten zu können. Das traf vor allem auf die Meister in der dezentralisierten Produktion zu. Sie nahmen gewissermaßen in der Pyramide der Arbeiterschaft die Spitzenstellung ein. Die Masse der Arbeiterschaft aber waren im Marxschen Sinne echte doppelt freie Lohnarbeiter. Auch das Ausbildungsniveau war innerhalb der Arbeiterschaft sehr unterschiedlich. Neben den Meistern zünftiger Herkunft gab es unzünftige Hauptarbeiter für Arbeiten, für die ein hohes Qualifikationsniveau erforderlich war. Ihnen folgten in der Rangfolge der Hierarchie der Arbeiterschaft die zünftigen Gesellen oder unzünftige Hilfsarbeiter mit langjährig erworbenen Berufskenntnissen. Ferner wurde eine Vielzahl von Lehrlingen beschäftigt. Daneben gab es das Tausende zählende Heer der Tagelöhner und sonstigen Hilfskräfte ohne jegliche Ausbildung. Sie waren allenfalls für bestimmte Handreichungen oder die Bedienung bestimmter Maschinen oder Geräte angelernt. Eine weitere brandenburgisch-preußische Besonderheit lag in der massenweisen Beschäftigung ausländischer Arbeitskräfte. Entsprechend dieser heterogenen Zusammensetzung der Arbeiterschaft erfolgte in dieser Zeit auch ihre rechtliche Behandlung. Der Begriff „Arbeiter" versteht sich demzufolge in der angeführten Differenziertheit.

Die Untersuchungen sind territorial hauptsächlich auf das Gebiet des Kurfürstentums Brandenburg gerichtet gewesen. Hinweise auf die Rechtsverhältnisse in anderen Territorien unter brandenburgisch-preußischer Herrschaft dienen in der Regel der Untermauerung festgestellter Zusammenhänge und Fakten. Diese territoriale Eingrenzung machte sich erforderlich, weil die brandenburgisch-preußischen Kurfürsten und Könige den einzelnen Gebieten ihrer Herrschaft durchaus unterschiedliche Rechtsvorschriften gaben; von einer einheitlichen preußischen Staatlichkeit konnte noch nicht die Rede sein, sie war neben der territorialen Vereinigung das erklärte Ziel brandenburgisch-preußisch-hohenzollernscher Feudalpolitik. Andererseits war in jener Zeit, in der an territoriale oder gar nationalstaatliche Einheit Deutschlands noch nicht zu denken war, Brandenburg-Preußen in vielerlei Hinsicht einer der bedeutendsten deutschen Feudalstaaten, und oft genug gaben später preußische Vorbilder das Handlungsmuster für andere deutsche Königreiche und Fürstentümer ab.

Der Arbeit liegen eine Reihe von zum Teil bisher nicht veröffentlichten oder nicht ausgewerteten Materialien aus Staatsarchiven der DDR zugrunde. Von den Mitarbeitern des Zentralen Staatsarchivs, Dienststelle Merseburg und der Staatsarchive Potsdam und Magdeburg habe ich die freundlichste Unterstützung erfahren, wofür ich ihnen an dieser Stelle ausdrücklich danke.

Besonders herzlich verbunden bin ich Herrn Professor Dr. jur. Werner Sellnow, dem ich wichtige Erkenntnisse verdanke; danken will ich auch Frau Professor Dr. Wera Thiel und Herrn Professor Dr. Rolf Lieberwirth für ihre freundlichen Hinweise.

Einleitung

Mit Beendigung des Dreißigjährigen Krieges stand auch für die Mark Brandenburg[1] die Frage des Übergangs zu kapitalistischen Produktionsweisen auf der Tagesordnung. Allerdings waren die Voraussetzungen für den Aufbau kapitalistischer Produktionsstätten zu diesem Zeitpunkt schlechter als je zuvor. Große Teile der Bevölkerung waren durch die Kriegsereignisse, Hunger und Krankheiten dahingerafft worden. Eine Vielzahl von Höfen, ja ganze Dörfer lagen brach. Die Städte waren teilweise stark zerstört, und das Hab und Gut der Bewohner war Plünderungen der kriegführenden Heere zum Opfer gefallen. Die Zeiten waren sehr unruhig, die Transport- und Nachrichtenverbindungen erheblich eingeschränkt und Handel und Gewerbe lagen fast völlig darnieder.[2]

Für Brandenburg erwies sich ferner die scharfe Durchsetzung der zweiten Leibeigenschaft als hemmend für die Entwicklung kapitalistischer Produktionsverhältnisse.[3] Die Bauern waren persönliche Untertanen der jeweiligen Gutsherren. Sie waren dem Gutsherren dienstverpflichtet, er übte die Polizei- und Gerichtsgewalt aus und sorgte so gleichzeitig für die unmittelbar praktische Umsetzung seiner Interessen.

Während in England die Bauern von ihren Höfen verjagt und vom Lande vertrieben wurden und so als eine riesige Armee doppelt freier Lohnarbeiter eine der Voraussetzungen für die Herausbildung kapitalistischer Produktionsverhältnisse darstellten[4], wurden in Brandenburg die „gelegten" Bauern nicht vom Lande vertrieben, sondern als Untertanen in die sich bildenden großen Rittergüter übernommen. Die Bauern konnten sich aus dieser gutsherrlichen Abhängigkeit nur durch nahezu unerschwingliche Ablösungssummen freikaufen. Einer

---

1 Vgl. zum Begriff „Mark Brandenburg" auch: Herrmann von Caemmerer, Der Begriff Kurmark im 17. und 18. Jahrhundert, FBPG, Bd. 29, 1916, S. 91 ff.

2 Günter Vogler, Klaus Vetter, Preußen – von den Anfängen bis zur Reichsgründung, Berlin, 1970, S. 27 f.

3 Friedrich Engels, Brief an Karl Marx vom 15. Dezember 1882, Marx/Engels Werke, Band 35, S. 128. Er schreibt hier: „Beiläufig ist die allgemeine Wiedereinführung der Leibeigenschaft einer der Gründe, warum in Deutschland keine Industrie im 17. und 18. Jahrhundert aufkommen konnte."

4 Karl Marx, Das Kapital, Erster Band, Berlin 1974, S. 181 ff.

Flucht der Bauern in die Stadt stand das Herausgaberecht (Herausforderungsrecht) des Gutsherrn entgegen. Andererseits waren die brandenburgischen Städte des 17. Jahrhunderts ihrem Charakter nach mehr große Dörfer. Bauern, denen es gelang, in die Stadt abzuwandern, konnten hier vielfach nur das große Heer der Armen und Bettler verstärken. Strenges Zunftrecht und die Ausrichtung auf den örtlichen Markt standen einer für die kapitalistische Produktionsweise typischen stärkeren Arbeitsteilung und Massenproduktion und der damit verbundenen massenweisen Beschäftigung unzünftiger, nicht ausgebildeter Arbeiter ebenso entgegen, wie Akzisen, Kontributionen und Steuern. Zollschranken und Einfuhrverbote und Privilegien verschiedenster Art verhinderten die Bildung eines starken Handelskapitals als einer wesentlichen Voraussetzung für die Einrichtung kapitalistischer Produktionsunternehmungen.[5] Ein nationaler Markt war so gut wie nicht vorhanden, und an eine Beteiligung am Welthandel war nicht zu denken.

Gesamtnationale Interessen wurden weder von der kaiserlichen Zentralgewalt noch von den einzelnen deutschen Territorialfürsten wahrgenommen. Die Territorialstaaten schlossen sich voneinander ab, ihre Interessen waren ausschließlich auf die Stärkung ihrer Macht gerichtet. Das galt in besonderem Maße auch für die brandenburgischen Kurfürsten. Die einzelnen Gebiete, die unter ihrer Herrschaft standen, bildeten in ihrer Gesamtheit durchaus keinen einheitlichen Staat; sie verstanden sich als relativ selbständig und wurden von den Kurfürsten und Königen auch als eigenständige Länder behandelt. Dabei ging allerdings das Hausmachtstreben der Hohenzollern dahin, aus den einzelnen Gebieten ihrer Hoheit unter Hinzufügung weiterer Territorien einen Gesamtstaat zu bilden. Diese Politik war von vornherein darauf ausgerichtet, mit militärischen Mitteln durchgesetzt zu werden.[6] Logischerweise standen somit die Probleme der Armee im Mittelpunkt der Regierungsinteressen; dem ordnete sich schließlich auch die ökonomische Politik der Kurfürsten und Könige unter. Der Adel unterstützte überall den Aufbau militärisch bedeutsamer Produktionen und solcher Produktionsstätten, die der Herstellung von Luxusartikeln dienten. Dabei war eine Ausrichtung auf zunächst eigene Bedürfnisse selbstverständlich.[7] Nicht gerade selten

---

[5] Ebenda, S. 777 ff.

[6] Hier liegt offensichtlich auch eine der Hauptwurzeln des späteren preußischen Militarismus. Vgl. in diesem Zusammenhang den Bericht von Heinz Kathe über die Tagung über den preußisch-deutschen Militarismus und den antiimperialistischen Kampf der deutschen Arbeiterklasse in: Wissenschaftliche Mitteilungen der Historiker-Gesellschaft der DDR – 1974/I, S. 71 ff.

[7] Über die ökonomischen Konsequenzen aus der brandenburgisch-preußischen Militärpolitik berichten Carl Hinrichs hinsichtlich des Lagerhauses in: Das königliche Lagerhaus in Berlin, in: FBPG, Bd. 44, 1931, S. 46 ff. und Wilhelm Hassenstein hinsichtlich der Königlichen Gewehrfabrik in Spandau in: Geschichte der Königlichen Gewehrfabrik in Spandau unter besonderer Berücksichtigung des 18. Jahrhunderts in: Beiträge zur Geschichte der Technik und Industrie, Berlin 1912.

unterstützte der Staat Unternehmer durch recht erhebliche Vorschüsse und andere Bonifikationen bei der Gründung von Fabriken und Manufakturen. Schließlich beteiligten sich die brandenburgisch-preußischen Könige selbst an der Manufakturgründung – beispielsweise bei der Porzellanmanufaktur und der Gewehrfabrik.

Modewaren zu erzeugen, wie sie in Frankreich und England hergestellt wurden, war immer ein Ziel brandenburgisch-preußischer Wirtschaftspolitik. Dabei wurden jedoch kaum einmal Ergebnisse erreicht, die an die englischen und französischen Vorbilder heranreichten. Entweder waren die brandenburgisch-preußischen Waren schlechter, oder die Preise waren bei gleicher Qualität höher als die der ausländischen Konkurrenz, da im Ausland schneller und billiger produziert werden konnte.[8]

In der Übergangsphase zum Kapitalismus traten in Brandenburg-Preußen Manufakturen und Fabriken gleichzeitig und nebeneinander auf. In den ersten Jahrzehnten überwogen freilich sowohl von der Anzahl als auch von ihrer ökonomischen Bedeutung her die Manufakturen. Rechtlich wurden Manufakturen und Fabriken in dieser Zeit gleich behandelt. Das lag mit Sicherheit daran, daß zunächst die von der zunftmäßigen Arbeitsorganisation abweichende Arbeitsweise in den Manufakturen und Fabriken auffiel. Da das Zunftwesen seit langer Zeit rechtlich geregelt war, erforderte die Abweichung durch Manufakturen und Fabriken gleichermaßen eine entsprechende juristische Grundlage. Daß die Fabrikarbeit im Verhältnis zur Manufaktur eine höhere Form der Arbeitsorganisation darstellt[9], ist damals weder theoretisch erkannt worden, noch hat es seinen Niederschlag in der Gesetzgebung gefunden.[10] Aus diesen Gründen soll in der weiteren Behandlung der politisch-ökonomische Unterschied zwischen Fabriken und Manufakturen weitgehend außer Betracht bleiben.

Mit der Gründung von Manufakturen und Fabriken mußten rechtliche Probleme gelöst werden, die in der bisherigen feudalistischen Rechtsetzung und

---

[8] Vgl. „Das Preußische Fabrik- und Manufakturwesen." Von einem Patrioten beleuchtet, Berlin 1800, verlegt bei Friedrich Maurer, insbes. S. 51 (Fußnote) und S. 56.

[9] Karl Marx, a. a. O., S. 356 ff.

[10] Während in Zedlers Großem Universallexikon der Begriff „Manufactur" kurz und bündig als „gewisse Oerter, wo viele Arbeiter zu finden sind, welche allesamt eine Arbeit verfertigen" definiert wird (Grosses Universal-Lexikon Aller Wissenschaften und Künste, welche bishero durch menschlichen Verstand und Witz erfunden worden, verlegt bei Johann Heinrich Zedler, Halle und Leipzig 1739, Band 19), differenziert Justi wie folgt: „Manufacturen und Fabriken werden gemeiniglich vor gleich bedeutende Wörter gehalten und gleichgültig gebraucht. Ihre Bedeutung aber ist in der Tath voneinander unterschieden. Unter Manufacturen verstehet man eigentlich diejenigen Bearbeitungen, die bloß mit der Hand ohne Feuer und Hammer geschehen. Fabriken aber heißen diejenigen Arbeiten, zu welchen Feuer und Hammer, oder ähnliche Werkzeuge angewendet werden." (Johann Heinrich Gottlob von Justi, Vollständige Abhandlung von denen Manufacturen und Fabriken, Koppenhagen 1758 + 1761, 1. Theil, S. 5 f.)

Rechtsprechung ohne Beispiel waren. Dabei war der feudalistische brandenburgisch-preußische Staat einerseits bestrebt, die Feudalherrschaft aufrecht zu erhalten, andererseits wollte und mußte er die Vorzüge kapitalistischer Produktionsweise nutzen. Diese Umstände führten zu einer engen Verquickung zwischen feudalistischen und kapitalistischen Elementen in den Kodifikationen und in der Rechtsprechung. Zugeständnisse des brandenburgisch-preußischen Feudalstaates an bürgerliche Ideen machen einerseits bereits die Krise deutlich, in der sich Brandenburg-Preußen befand, andererseits sind sie aber auch Ausdruck dafür, daß, wie Heuer sagt, „keine starke Bourgeoisie und keine ökonomisch starke Bauernklasse eine revolutionäre Ausnutzung dieser Zugeständnisse befürchten ließen."[11] Bürgerlichen Unternehmern wurden teilweise Rechte eingeräumt, die ansonsten nur dem Adel zugestanden wurden[12] (beispielsweise das Jurisdiktionsrecht, ein besonderer Gerichtsstand und die Befreiung von der allgemeinen Wehrpflicht[13]). Gleichzeitig wurde ihnen auch ein umfassender Schutz vor den von ihnen ausgebeuteten Menschen gewährt.

Dank ihrer Bedeutung für die kapitalistische Produktion erhielten aber auch Arbeiter einzelne Zugeständnisse. Diese Zugeständnisse bezogen sich hauptsächlich auf die Fragen der Ansiedlung und der damit im Zusammenhang stehenden Probleme und betrafen folglich auch nur eine relativ kleine Schicht von Arbeitern.

Ökonomische Notwendigkeiten zur Durchsetzung der Hohenzollernschen Machtbestrebungen fanden in einer Reihe von gesetzlichen Vorschriften ihren entsprechenden juristischen Niederschlag. Ausgangspunkt für strafrechtliche Kodifikationen war dabei die Carolina von 1532. Besonders hinsichtlich der Eigentumskriminalität gab es eine Vielzahl von brandenburgisch-preußischen Sonderbestimmungen. Diese Bestimmungen sind für uns von besonderem Interesse, weil sich an ihnen der Einfluß des aufkommenden Kapitalismus am ehesten bemerkbar gemacht hat. Hinsichtlich der arbeitsrechtlichen Gesetzgebung gab es Anhaltspunkte in den Ordnungen für die einzelnen Gewerke und in den Gesindeordnungen.

---

[11] Uwe-Jens Heuer, Die Auseinandersetzungen um die Prinzipien des allgemeinen Landrechts als Ausdruck der Krise des Feudalsystems in Preußen (1791–1794), Juristische Dissertation, Berlin 1956, S. 68/69.

[12] Friedrich Engels schrieb in seinem Artikel „Die preußische Verfassung": „So war der König, ..., in der Lage, die Bourgeoisie durch den Adel und den Adel durch die Bourgeoisie niederzuhalten, indem er einmal den Interessen der einen und ein andermal den Interessen der anderen schmeichelte und soviel wie möglich den Einfluß beider im Gleichgewicht hielt." (Marx/Engels, Werke, Band 4, S. 30 ff.)

[13] Planitz und Eckhardt schreiben bezogen auf 1733–1735: „Offizier zu werden war jeder Adelige verpflichtet, ..., von der allgemeinen Wehrpflicht war er jedoch befreit, wie übrigens auch der Kapitalist." (Hans Planitz und Karl August Eckhardt, Deutsche Rechtsgeschichte, Graz und Köln 1971, S. 278)

ERSTES KAPITEL

Die arbeitsrechtliche Stellung und Behandlung der Arbeiterschaft

I. Die Gründung von Manufakturen und Fabriken

Jeder Unternehmer bedurfte zunächst zur Errichtung seiner Manufaktur oder Fabrik eines kurfürstlichen (später königlichen) Privilegs. Dieses Privileg beinhaltete die Erlaubnis, an einem bestimmten Ort bestimmte Waren zu produzieren. Diese Erlaubnis war schon deshalb von großer Bedeutung, da die Mehrheit der Unternehmer keine Meister und somit nicht zünftig gebunden waren. Im Verhältnis zum Zunftrecht schaffte das Privileg eine Ausnahmeregelung. Nach Zunftrecht konnten nur Meister produzieren bzw. von Gesellen und anderen Meistern für sich produzieren lassen und die Erzeugnisse schließlich verkaufen. Das Recht, andere für sich arbeiten zu lassen und sich die Ergebnisse dieser Arbeit anzueignen und zu verkaufen, wurde durch das Manufakturprivileg auf den nichtzünftigen Unternehmer erweitert. Das Privileg regelte zugleich auch die Beziehungen zu anderen Produzenten gleicher oder ähnlicher Erzeugnisse. Es muß jedoch hinzugefügt werden, daß die Privilegien zur Errichtung bzw. Betreibung von Manufakturen und Fabriken außerhalb der Zunft- und Gildeordnung nicht die Aufhebung des Zunftrechts an sich mitbrachte. Da die allgemeine Gewerbefreiheit fehlte, setzte die Privilegienpolitik die Zunftordnung viel mehr in modifizierter Form fort, um auf diese Weise die Einordnung der Gewerbe in die feudale Staatswirtschaft zu erreichen. Kraft staatlicher Verordnung (und nicht wie später – kraft wirtschaftlicher Macht) wurde der einzelnen Manufaktur oder Fabrik für eine festgelegte Zeit (selten auf unbestimmte Dauer) und ein bestimmtes Gebiet das Monopol für Produktion und Absatz bestimmter Erzeugnisse verschafft. Das war einmal nötig, um überhaupt Unternehmer ins Land zu ziehen bzw. einheimische Kaufleute und Bankiers zu bewegen, das mit der Manufaktur- bzw. Fabrikgründung verbundene Risiko zu übernehmen, zum anderen verhinderte eine solche Regelung das Auftreten unerwünschter Konkurrenz und das damit verbundene unnötige Binden von Materialien und Arbeitskräften, die in dieser Zeit durchaus nicht frei und in jeder gewünschten Anzahl und Qualifikation zur Verfügung standen.[14] Schließlich hatte diese Monopolstellung für die Unternehmer den Vorteil, daß sie nicht nur eine gewisse Sicherheit für den Absatz ihrer Produkte hatten, sondern daß ihnen in gewisser Weise auch garantiert wurde, daß die Arbeitskräfte, die sie häufig auf eigene Kosten aus dem Auslande herbeischafften, bei ihnen in Arbeit blieben, das ganz besonders dann, wenn diese Arbeitskräfte spezialisiert waren und aufgrund dieser Spezialisierung einerseits und des Monopols andererseits im Lande gar keine weitere Arbeitsmöglichkeit finden konnten. Wie wichtig gerade auch diese Seite des Monopols für die Unternehmer war, zeigt eine Vielzahl von Rechtsstreitigkeiten wegen des Abwerbens von Arbeitskräften bzw. wegen des unerlaubten Verlassens der Arbeit.[15] Allerdings konnten weder die Privilegien noch kurfürstlich/königliche Verordnungen bei zunehmender fabrikmäßiger Produktion verhindern, daß Arbeiter vor der Zeit und ohne Erlaubnis ihre Arbeit verließen und daß sich die Unternehmer gegenseitig die Arbeitskräfte abspenstig machten. Die Privilegien enthielten ferner häufig Bestimmungen über völlige oder doch zumindest teilweise Zoll- und Akzisefreiheit. Auch auf diese Weise wurde staatlicherseits für die Konkurrenzfähigkeit kapitalistischer Unternehmungen gesorgt.

Schließlich enthielten einzelne Privilegien auch Vorschriften über die Gestaltung der Rechtsverhältnisse zwischen dem jeweiligen Unternehmer und den bei ihm beschäftigten Arbeitskräften. Zum Beispiel wurde in dem Patent vom 8. März 1699 wegen der Bosenischen Gold- und Silbermanufaktur verordnet: „3. Seine Churfürstl. Durchl. denen Bosen die im Privilegio concedirte Jurisdictionem domesticam über die bei der Manufactur stehende Arbeiter, gnädigstlassen, dergestalt, daß sie ihre ungetreue und ungehorsame Arbeiter, sie seien Bürger oder nicht, nach ihrem Befinden, aus der Arbeit setzen, und die ihnen anvertraute Arbeit nebst dem Werckzeuge, aller Exeption, so nicht continenti erweislich gemachet werden kan, ungeachtet, abfordern und wegnehmen lassen mögen, worüber Sr. Churfürstl. Durchl. nicht allein gehalten wissen, sondern auch zu Haltung besserer Ordnung dergleichen ungetreue und ungehorsame Arbeiter, anderen zum Exempel, nachdrücklich bestrafen wollen."[16]

Ferner wurde ein besonderer Gerichtsstand für Klagen der Arbeiter gegen die Gebrüder Bosen eingerichtet. Die den Bosen übertragene Jurisdiktion versetzte sie praktisch in die Lage, in Verbindung mit dem ihnen erteilten Privileg Arbeitern, die sich in irgendeiner Weise nicht fügen sollten, jede weitere Berufsausübung und damit den Broterwerb abzuschneiden. Somit wurde von vornherein jeglicher Widerstand gegen die Unternehmer im Keime erstickt, da er

[14] Gegen die Zulassung der freien Konkurrenz – allerdings zur Erhaltung der Erzeugnisqualität – spricht sich auch Johann Heinrich Gottlob von Justi aus in: Abhandlung von denen Manufactur- und Fabriken-Reglements, Berlin und Leipzig, 1762, S. 8 f.

[15] Vgl. beispielsweise: Staatsarchiv Potsdam, Prov. Br., Rep. 30 A Berlin, Polizeidirektorium Tit. 369 Nr. 6, Bl. 8 und 9.

[16] CCM, V. Theil, II. Abtheilung, Nr. XX.

mit dem Preis der Aufgabe der Existenzgrundlage hätte bezahlt werden müssen.

Insgesamt kann die besondere Privilegierung der Unternehmer mit der für den Feudalstaat typischen Belehnung verglichen werden. Die Tatsache, daß mit der Erteilung der Privilegien häufig auch finanzielle Unterstützungen in Form von großzügigen Geld- oder Sachgeschenken oder Darlehen verbunden waren, unterstreicht diese Feststellung.[17] Eine besondere Stellung nahmen hierbei noch die vielen ausländischen Meister und Fabrikanten ein, die nicht nur bereitwilligst in Brandenburg aufgenommen wurden, sondern die mit einer Reihe von Vergünstigungen ins Land geworben wurden. Selbst Beamte des brandenburgisch-preußischen Staates reisten ins Ausland und warben dort Arbeitskräfte ab.[18] Die Abwerbung ausländischer Arbeitskräfte war dabei für den Werber nicht ganz ungefährlich.[19] Neben den Bemühungen, Arbeitskräfte ins Land zu ziehen, gab es gleichzeitig auch Anstrengungen, um ein erneutes Abwandern der mit zum Teil nicht unerheblichen Kosten angeworbenen und angesiedelten Arbeitskräfte zu verhindern.[20]

Eine Sonderform der Privilegierung stellte der Abschluß von Verträgen zwischen dem brandenburgisch-preußischen Staat und den Unternehmern dar. Solche Verträge wurden hauptsächlich für die Übernahme von königlichen Fabriken und Manufakturen durch private Unternehmer geschlossen. Hierzu zählt zum Beispiel auch der 1753 zwischen dem preußischen König und dem Kaufmann David Splittgerber abgeschlossene Vertrag, kraft dessen Splittgerber die in Neu-

---

17 Vgl. Zentrales Staatsarchiv, Dienststelle Merseburg, General-Direktorium, Fabriken-Departement, Tit. CCXLI Nr. 50, insbes. Bl. 167, wonach der Fabrikant Levi Behrend Hirsch im Jahre 1776 auf 6 Jahre einen zinsfreien Kredit in Höhe von immerhin 1000 rthl. aus der Haupt-Manufaktur-Kasse erhalten hatte.

18 Bruno Gloger, Der Potsdamer Steuerrat, Phil. Diss., Berlin, 1957, S. 126.

19 So berichtet Hommel in seinem Werk „Teutscher Flavius", Dritte Ausgabe, Beyreuth, 1775 auf S. 303 wie ein der Anwerbung sächsischer Arbeitskräfte nach Preußen Verdächtiger zu befragen und zu vernehmen sei. Über Werbeaktionen für Brandenburg-Preußen und deren Gefahren berichten auch: Luise Bamberger, Beiträge zur Geschichte der Luckenwalder Textilindustrie, in: FBPG, Bd. 29, 1917, S. 407 ff., insbes. S. 420 und Wilhelm Hassenstein, a. a. O., S. 32.

20 Verboth, die Künstler und Manufacturiers heimlich aus dem Lande zu locken. Vom 9ten October 1719. CCM, V. Th. II. Abth., V. Cap., Nr. 18, Spalten 465–468; „Befehl an die Neu-Märcksche, Pommersche, Halberstädtsche und Mindensche Cammern, auch an die Hammsche Deputation, dahin zu sehen, daß nicht die Manufacturiers und Fabrikanten aus dem Lande gezogen werden. Gegeben zu Berlin den 15. April 1760" NCC, VO von 1760, No. 10 (S. 419); Circulare an sämtliche Cammern, betreffend das Verbot wegen des Auswanderns der Handwercksbursche von hiesigen Landeskindern. De dato Berlin, den 23ten Jan. 1766, NCC, VO v. 1766; Rescript an die Preußische Cammern wegen Auswanderung der Fabricanten, Profeßionisten, und anderer Cantonisten aus Preußen nach Curland. De Dato Berlin, 3. Octbr. 1788, NCC VO v. 1788, No. 66, Spalten 2229–2230.

stadt-Eberswalde gelegene Messer- und Scherenfabrik auf 20 Jahre übertragen erhält.[21]

Insgesamt kann eingeschätzt werden, daß bereits mit der Manufaktur- bzw. Fabrikgründung für Rechtsverhältnisse gesorgt wurde, die die in diesen Unternehmungen tätige Arbeiterschaft eindeutig juristisch benachteiligten.

II. Zur Arbeitskräftesituation

Nach Beendigung des Dreißigjährigen Krieges herrschte ein enormer Bevölkerungsmangel. Berlin hatte zum Beispiel um 1631 einen Bevölkerungsschwund von 50% von 12 000 auf 6 000 Einwohner zu verkraften. Erst gegen Ende des 17. Jahrhunderts stieg die Bevölkerungszahl auf ca. 30 000 an.[22] Insbesondere fehlten qualifizierte Arbeiter, die in der Lage gewesen wären, eine leistungsfähige Industrie – ähnlich der englischen – aufzubauen. In den Zunftgrenzen beschränktes Denken und eine auf lediglich lokale Bedürfnisse abgestimmte Produktion verhinderten jegliche durchgreifende Weiterentwicklung der einheimischen Produktion. Wenn hier Hilfe kommen konnte, dann nur aus dem Auslande. Dieses Erfordernis war für lange Zeit gültig. In einer zeitgenössischen Darstellung aus dem 18. Jahrhundert heißt es zum Problem, wie man die Arbeit der Manufakturen forcieren könne: „2) Müssen die Handewercks-Leute und Künstler, es koste auch was es wolle, in der Menge verschrieben und herbeygeschafft werden, und damit sie zu uns Lust bekommen, ihnen auf alle Weise forthelfen, den nöthigen Verlag, bis sie sich selbst verlegen können, schaffen, und andere Privilegia wiederfahren lassen."[23] Die Notwendigkeit, ausländische Arbeitskräfte in Anspruch nehmen zu müssen, bestimmte viele Züge der brandenburgisch-preußischen Politik. So zum Beispiel die für dieses Zeitalter an sich noch recht ungewöhnliche Toleranz gegenüber fremden Lebens- und Glaubensgewohnheiten[24]; auch im Recht fand das seinen Niederschlag. Am deutlichsten wird das wohl am Beispiel der zu Tausenden aus Frankreich vertriebenen und

---

[21] Vgl. ZSTA, Dienststelle Merseburg, Gen. Dir., Fabr. Dept. CDXXXIX No. 11 adhib. 1a, Bl. 39 ff.

[22] Zahlenangaben nach: Bernhard Heßlein, Berlins berühmte und berüchtigte Häuser, Berlin 1881, 1. Band, S. 1 ff., 2. Band, S. 11.

[23] Grosses Universal-Lexikon Aller Wissenschaften und Künste, welche bishero durch menschlichen Verstand und Witz erfunden worden, a. a. O.

[24] Justi schreibt zu dieser Frage: „Man mag aber die öffentliche Ausübung verschiedener Religionen zulassen, oder nicht; so muß doch allemal in einem Lande, das blühende Manufacturen und Fabriken haben will, eine vollkommene Gewissensfreyheit stattfinden. . . ., und geschickte Leute wohnen nicht gerne in einem Lande, wo der Neid und die Ver-

in Brandenburg aufgenommenen Hugenotten, die nicht nur eine Reihe wesentlicher wirtschaftlicher Vergünstigungen erhalten hatten, sondern auch das Recht zugesprochen bekamen, ein eigenes französisches Gericht mit französischen Richtern zu unterhalten.

Selbst 1770 noch, also über 120 Jahre nach Ende des Dreißigjährigen Krieges, war Brandenburg-Preußen auf Unternehmer und Arbeitskräfte aus dem Auslande angewiesen. In einem öffentlichen Avertissement vom 26. Oktober 1770 werden den aus der „Fremde kommenden Fabricanten und nützlichen Professionisten" wenn sie sich entschließen, sich in kurmärkischen Städten niederzulassen, folgende Benefizien versprochen:

1. Werbungs- und Enrollierungsfreiheit
2. Dreijährige Freiheit von sämtlichen bürgerlichen Lasten
3. Dreijährige Accise-Consumtionsfreiheit
4. Mindestens dreijährige Servis-Freiheit
5. Bei Bebauung wüster Stellen ein Geschenk in Höhe von 150 Rthl., weitere Baufreiheitsgelder, unter Umständen bereits fertige Häuser als erbliche Geschenke. Außerdem wird denjenigen, die eine wüste Stelle bebauen, eine weitere zehnjährige Befreiung von bürgerlichen Lasten gewährt.
6. Wollarbeiter erhalten einen Woll-Vorschuß
7. Alle auf Stühlen arbeitenden Professionisten erhalten einen Stuhl geschenkt.
8. Vergütung der Reisekosten
9. Diejenigen, die Vermögen ins Land bringen und große Etablissements und Fabriken gründen, sollen mit Vorschüssen unterstützt werden.
10. Die Professionisten in den Städten erhalten freies Bürger- und Meisterrecht.
11. Die sich auf dem Lande Niederlassenden erhalten Bau-Hilfsgelder, die Häuser verbleiben ihnen erblich. Außerdem genießen sie eine fünfzehnjährige Freiheit von allen Landes-Praestandis.[25]

Daß derartige Angebote durchaus verlockend waren, ergibt sich von selbst. Allerdings sind die Versprechungen nicht immer eingehalten worden.[26]

Aus der Zusage des freien Bürger- und Meisterrechts für die Professionisten in den Städten läßt sich schlußfolgern, daß durchaus nicht alle Einwanderer in

---

folgung einen Ketzereyprozeß wider sie erregen kann." Vollständige Abhandlung, S. 34/35. In ähnlicher Weise äußerte sich 1777 auch Friedrich II. Er unterstrich, daß absolute Glaubensfreiheit notwendig sei. Vgl.: Regierungsformen und Herrscherpflichten, in: Die Werke Friedrichs des Großen (In deutscher Übersetzung), herausgegeben von Gustav Berthold Volz, Berlin 1913, Band 7, S. 225 ff.

[25] NCC Verordnungen von 1770 No. 75 Spalte 7401–7404.

[26] Kurt Hinze, Die Arbeiterfrage zu Beginn des modernen Kapitalismus in Brandenburg-Preußen, in: Veröffentlichungen der Historischen Kommission zu Berlin beim Friedrich-Meinecke-Institut der Freien Universität Berlin, Band 9, Neudrucke Band 1, S. 130 ff., Berlin 1963.

Brandenburg-Preußen willkommen waren; gebraucht wurden Fachkräfte. Hilfskräfte, die über wenig oder keine Kenntnisse verfügten, waren im Lande ausreichend vorhanden.[27] An dieser Stelle scheint es nötig, die soziale Strukturierung in den Fabriken und Manufakturen zu betrachten. An der Spitze einer solchen Produktionseinrichtung stand der privilegierte Unternehmer, der sogenannte Entrepreneur, der meist aus wohlhabenden bürgerlichen aber zuweilen auch aus Adelskreisen stammte. Er beschäftigte in seinem Unternehmen zünftige Meister (später auch „auf die Freiheit arbeitende Meister" bzw. den Meistern gleichgestellte unzünftige Hauptarbeiter) und Gesellen (bzw. die den Gesellen gleichgestellten Hilfsarbeiter) sowie Lehrlinge. Das waren die zu „kunstmäßiger" Arbeit befugten und eben auch entsprechend dazu ausgebildeten Personen. Für sie gab es im brandenburgisch-preußischen Staat eine Reihe von Rechtsvorschriften. Diese Arbeiter wurden in Anlehnung an traditionell-zünftige Gebräuche akzeptiert. Daneben gab es in den Fabriken und Manufakturen für echte Hilfsarbeiten und Handreichungen noch eine Vielzahl von Tagelöhnern. Sie befanden sich auf einer sozial so niedrigen, traditionell nicht geachteten Stufe, daß es für ihre Tätigkeit im Prinzip keine Rechtsvorschriften gab. Sie hatten auch nicht das Recht, Bürger zu werden. Sie waren von bürgerlichen Lasten befreit und wären sicher auch nicht in der Lage gewesen, von ihrem kargen Einkommen solche zu tragen.

Hinzu kommt, daß die Tagelöhner durchaus nicht eine einheitliche Gruppe von Menschen waren, auf die überall die gleichen rechtlichen und sozialen Verhältnisse zutrafen.

Klima berichtet von Manufakturen in Böhmen, in denen zu einem großen Teil hörige Arbeitskräfte beschäftigt waren. Die Arbeit, die sie in den Manufakturen ausübten, sei jedoch keine Fronarbeit gewesen, da sie dafür entlohnt worden seien.

Schließlich habe es auch solche Verhältnisse gegeben, daß es Vereinbarungen zwischen einem Unternehmer und der zuständigen Obrigkeit gab, in denen die Obrigkeit ihren Untertanen gestattete, in dem jeweiligen Unternehmen tätig zu werden. Juristisch gesehen handelte es sich hierbei offensichtlich um Übergangsver-

---

[27] Wie mit Privilegien für Manufakturarbeiter verfahren werden sollte, dafür gab es Hinweise aus Frankreich. Boucher d'Archis schreibt im Artikel „Manufaktur" der Enzyklopädie Diderots: „Schließlich müssen sie (die Manufakturen – H.-P. Z.) von der Regierung gefördert werden. Diese Förderung muß darauf abzielen, die Herstellung der Werkstücke dadurch zu erleichtern ..., daß den notwendigsten Arbeitern, deren Tätigkeit Kenntnisse und Talente erfordert, einige Privilegien und Freiheiten gewährt werden; doch muß man sie auf Arbeiter dieser Art beschränken, ... Es wäre nicht gerecht, wenn man zum Beispiel in einer Porzellanmanufaktur dem, der Holz in den Ofen wirft, und dem, der formt und malt, dieselben Vorrechte gewährte, ..." – „Artikel aus der von Diderot und d'Alambert herausgegebenen Enzyklopädie", herausgegeben von Manfred Naumann, Leipzig 1972, S. 789.

hältnisse von der Leibeigenschaft zur Freiheit.[28] Ähnliche Verhältnisse wird es mit Sicherheit auch in Brandenburg-Preußen gegeben haben, denn auch hier war die zweite Leibeigenschaft zu Hause und auch hier gab es eine Reihe von Unternehmungen, die ihre Arbeitskräfte unmittelbar aus der Landbevölkerung zogen. Diese Arbeiter waren aber zumindest bereits soweit frei, daß sie in der Lage waren, entsprechende Verträge über den Verkauf ihrer Arbeitskraft abzuschließen. Insofern führte die beginnende kapitalistische Produktion zu einer Durchlöcherung feudaler Leibeigenschaftsverhältnisse. In den Städten war die Entwicklung in dieser Hinsicht besonders weit fortgeschritten. Proletarisierte Handwerker, abgedankte Soldaten, Soldatenfrauen und deren Kinder, geflüchtete Bauern, weggelaufenes Gesinde und Bettler, Leute also, die keinen Herrn über sich hatten, ernährten sich und die ihren als Tagelöhner. Sie gab es zu Tausenden in Brandenburg-Preußen.[29] Sie, die persönlich frei und frei von jedem Produktionsmitteleigentum waren, bildeten die echte Basis für die Herausbildung des Proletariats als Klasse.[30]

Während die Tagelöhner immer frei von Eigentum an irgendwelchen Produktionsmitteln waren, gab es ein solches Produktionsmitteleigentum bei den anderen in den Manufakturen und Fabriken beschäftigten Arbeitskräften durchaus, wenn auch in einem qualitativ und quantitativ sehr unterschiedlichen Maße. Häufig wurde dieses Produktionsmitteleigentum der „Fabricanten" und Professionisten (oder wie sie auch genannt wurden „Ouvriers") durch den Unternehmer oder

---

28 Arnost Klima, Zur Frage des Übergangs vom Feudalismus zum Kapitalismus in der Industrieproduktion in Mitteleuropa, in: „Probleme der Ökonomie und Politik in den Beziehungen zwischen Ost- und Westeuropa vom 17. Jahrhundert bis zur Gegenwart", herausgegeben von Karl Obermann, Berlin 1960. Auch Hildegard Hoffmann unterstreicht den Übergangscharakter jenes Zeitabschnittes, vgl.: Bemerkungen und Gedanken zu: Kurt Hinze, Die Arbeiterfrage zu Beginn des modernen Kapitalismus in Brandenburg-Preußen 1685–1806, in: Jahrbuch für Wirtschaftsgeschichte, 1966, Teil IV, S. 271 ff., insbes. S. 273.

29 Die Auffassung Walter Gressels, daß erst mit der Aufhebung der Leibeigenschaft durch das Steinsche Edikt 1807 im „reaktionären" Preußen der Weg zum freien Lohnarbeiter geebnet worden war, widerspricht in dieser Absolutheit den historischen Tatsachen. Vgl. „Erinnerungen an die Tätigkeit der Gewerbe- und Kaufmannsgerichte" in: Arbeit und Arbeitsrecht, Nr. 2/75, S. 54.

30 Für Halle/S hat Erich Neuss dieses Problem in seiner Arbeit „Entstehung und Entwicklung der Klasse der besitzlosen Lohnarbeiter in Halle" in: Abhandlungen der Sächsischen Akademie der Wissenschaften zu Leipzig, Philologisch-historische Klasse, Band 51, Heft 1, Berlin, untersucht. Er schreibt auf S. 157: „Viele andere, noch näher zu bezeichnende Ursachen wirkten natürlich mit, um aus Halle im 18. Jhdt. eine Stadt mit einer breiten Unterschicht von besitzlosen Lohnarbeitern und Lohnarbeiterinnen zu machen, einer Unterschicht, die nach Lebenshaltung und Lebensmühsal, nach wirtschaftlicher Abhängigkeit und arbeitsmäßiger Ausnutzung als Proletariat zu bezeichnen ist, ohne freilich, von Ansätzen abgesehen, das Klassenbewußtsein eines solchen zu entwickeln."

„Entrepreneur" dadurch gefördert, daß er seinen Beschäftigten zum Teil nicht unerhebliche Vorschüsse für die Anschaffung eigener Werkzeuge zahlte.[31]

In einem Teil von Manufakturen und Fabriken wurden die Produktionsmittel den Ouvriers leihweise zur Verfügung gestellt.[32]

Sowohl die genannten Vorschüsse als auch die leihweise Überlassung von Produktionsmitteln führten immer wieder zu Rechtsstreitigkeiten – nämlich dann, wenn Ouvriers die Fabrik verließen, ohne den Vorschuß zurückgezahlt oder die Produktionsmittel zurückgegeben zu haben.[33] Trotz vorhandenen Produktionsmitteleigentums befanden sich die Ouvriers in Hinblick auf ihre ökonomische und rechtliche Abhängigkeit vom Entrepreneur in einer Lage, die der der Tagelöhner sehr glich. Nur wenige Ouvriers waren ob ihres Produktionsmitteleigentums noch so selbständig, daß sie gleichzeitig für mehrere Entrepreneurs arbeiten konnten und nicht in völlige Abhängigkeit von einem einzelnen gerieten.[34] Außerdem war diese Art der Arbeit auch nur im Verlagssystem noch möglich. Allerdings waren die Meister doch zum Teil noch in der Lage, wegen der ihnen gehörenden Produktionsmittel andere (Gesellen, Lehrlinge und Tagelöhner) für sich arbeiten zu lassen und auszubeuten. Es ist durchaus auch üblich gewesen, daß die Fabrikanten nur mit den Meistern in Vertrag standen und es diesen wiederum überlassen war, wieviel Gesellen, Lehrlinge und Tagelöhner sie zur Erfüllung ihrer übernommenen Arbeitsverpflichtungen bei sich beschäftigten. So gab es dann zum Beispiel eine Forderung hinsichtlich des Kündigungsrechts, die

---

31 Horst Krüger, Zur Geschichte der Manufakturen und der Manufakturarbeiter in Preußen, in: Schriftenreihe des Instituts für Allgemeine Geschichte an der Humboldt-Universität Berlin, Band 3, S. 463–468. Krüger zitiert hier aus dem LHA Magdeburg, Rep. A9a VI, Altstadt Magdeburg, Nr. 466, Vol. 1 Bl. 51–60. Während die Entrepreneurs Bachmann & Comp. Stühle mit sämtlichen Zubehör auf eigene Kosten anschaffen und unterhalten wollten, berief sich das „Posamentier-Gewerck" darauf, daß es in allen Bandfabriken üblich sei, den Meistern zur Anschaffung eigener Stühle Vorschüsse zu geben. Vgl. aber auch ZSTA Dienststelle Merseburg, Gen.-Dir., Fabr.-Dept., Tit. DXI No. 20 Vol. 1 Bl. 22–23.

32 Vgl. ZSTA Dienststelle Merseburg, Gen.-Dir., Fabr.-Dept., Tit CDXXXIX Allerhand Waaren Fabriken Kurmark No. 11 adh. 2 Bl. 66, Nr. 38. Danach hat der Messerschmied Joh. Heinr. Schenck die Eisen- und Stahlwarenfabrik zu Neustadt-Eberswalde heimlich unter Mitnahme fabrikeigenen Werkzeugs verlassen.

33 Vgl. STA Potsdam, Prov. Br., Rep. 30 A Berlin, Polizeidirektorium, Tit. 369 No. 6, Bl. 8 und 9 s. Anlage 1 und ZSTA, Dienststelle Merseburg, Gen.-Dir., Fabr.-Dept., Tit. DXI No. 20 Vol. 1, Bl. 33 ff.

34 In einem Bericht des Königl. Manufactur- und Commerz-Collegiums an das General Fabriken und Com. Dept. des General-Direktoriums vom 17. August 1798 heißt es dazu: „Insonderheit haben die Gebrüdern Hesse noch angeführt, wie es auch bey den Wollenzeugmachern und Baumwollen Webern wirklich häufig der Fall ist, daß die mehresten Meister ihrer Fabrike nicht auf alle ihre Stühle von ihnen allein verlegt würden, folglich die Verbindung der Meister mit ihrer Fabrike nicht eigentlich ausschließlich sei, ..." ZSTA, Dienststelle Merseburg, Gen.-Dir., Fabr.-Dept., Tit. LXXXX Nr. 16 Bl. 159 v.

Verhältnisse zwischen Entrepreneur und Meister gesondert zu regeln und ebenfalls die Verhältnisse zwischen Meister und Gesellen.[35]

Neben der unmittelbaren Arbeit in den Manufakturen und Fabriken gab es eine Reihe von Arbeiten, die außerhalb jener Produktionseinrichtungen verrichtet wurden, die aber dennoch erst die Voraussetzung für die Arbeit in der Fabrik oder Manufaktur schafften. Das war zum Beispiel bei der Spinnerei der Fall. Die fabrik- bzw. manufakturmäßige Herstellung von Tuchen jeglicher Art setzte das ausreichende Vorhandensein von Gespinsten voraus. Hier herrschte ein echter Mangel. Zwar wurden in etlichen Manufakturen und Fabriken Spinnerinnen angestellt, ihre Arbeit konnte aber den Bedarf nicht decken. So kam es zu diversen Maßnahmen des Staates, um diesem Zustande abzuhelfen. Zum ersten wurden die Menschen verpflichtet, einer geregelten Arbeit nachzugehen – oder eben zu spinnen. Wer sich nach dieser Verordnung nicht gehörig richtete, mußte damit rechnen, für längere Zeit zu Arbeits-, Spinn- oder Zuchthaus verurteilt zu werden. Diese Zwangsanstalten, die ein buntes Sammelsurium von Asozialen und Kriminellen beherbergten, dienten der unbegrenzten Ausbeutung. In aller Regel wurden diese Zwangseinrichtungen an irgendeinen Unternehmer verpachtet. Der Pachtvertrag war dabei von vornherein bereits auf die schonungslose Ausbeutung der Anstaltsinsassen gerichtet.[36] Zum zweiten wurden bestimmte Bevölkerungsgruppen verpflichtet, in bestimmten Zeiträumen eine bestimmte Menge an Garnen abzuliefern.[37]

Zum dritten war es durchaus auch üblich, daß Soldaten in ihrer dienstfreien Zeit zur Arbeit herangezogen wurden. Spinnerei aber auch Weberei war in den Kasernen an der Tagesordnung.[38]

Nicht nur die Soldaten selbst, sondern auch ihre Frauen und Kinder arbeiteten mit. Die Beschäftigung der Soldaten, ihrer Frauen und Kinder hatte für die Unternehmer den Vorteil, daß diese Produzenten militärisch-straff organisiert

---

35 Vgl. ebenda, Bl. 159.

36 Wegen der Verpflichtung des herrenlosen Gesindes, sich sofort zu verdingen oder zu riskieren, ins Arbeitshaus gebracht zu werden, vgl. Avertissement vom 11. Juni 1765 STA Potsdam, Pr. B. Rep. 30 A Berlin, Polizeidirektorium 140 No. 1, Vol. III Bl. 116; wegen der Verpachtung des Arbeitshauses Küstrin an den Arbeitshausmeister und Zeug-Fabrikanten Tobias Friedrich Schielen vgl. ZSTA, Dienststelle Merseburg, Rep. 9, Allg. Verw. C 6 c 1 Fasc. 5 S. 42 ff.; hinsichtlich der Einführung der Zwangsarbeit in den Gefängnissen und auch während der Untersuchungshaft vgl. Befehl der Königl. Kurmärkischen Kriegs- und Domänen-Kammer vom 22. Oktober 1799, STA Potsdam, Pr. Br., Rep. 19, Steuerrat Potsdam, Generalia III G No. 30, Bl. 20.

37 Vgl. Edict, daß alle Höcker-Weiber und Herrenloses Gesinde, auch die in öffentlichen Buden aufm Markt oder Gassen feilhabenden Handwercks Frauen und Bürgers-Töchter Wolle oder Flachs spinnen, knütten oder nähen, und nicht müßig sitzen sollen. Sub dato Berlin, den 14ten Junii 1723 NCC No. LXXXI Spalten 355–358.

38 Kurt Hinze, a. a. O., S. 171–180.

waren und – oft genug mittels körperlicher Züchtigung – zu höchster Arbeitsdisziplin und -leistung angetrieben wurden. Nicht gerade selten verdienten Unteroffiziere und Offiziere an der Ausbeutung ihrer Untergebenen erhebliche Summen. Das wurde insgesamt noch dadurch gefördert, daß für die Soldaten und ihre Frauen als Gerichtsstand die Militärgerichtsbarkeit des Regiments zutraf, in dem der Soldat zu dienen hatte. Wie die Verhältnisse lagen, macht ein Beispiel deutlich: Von den 1 339 Beschäftigten der Breslauer Manufaktur stellte allein die Garnison Glatz 1 139, lediglich 200 der mit Spinnerei und Hilfsarbeiten beschäftigten Arbeitskräfte entstammten der sonstigen Zivilbevölkerung.[39] Weil allerdings die rechtlichen Verhältnisse, unter denen die Soldaten, ihre Frauen und Kinder arbeiteten, ganz besonderer Art und insoweit eben nicht repräsentativ sind, müssen sie bei der weiteren Untersuchung der arbeitsrechtlichen Probleme unberücksichtigt bleiben. Gleiches gilt auch für die Arbeit der Insassen der Arbeits-, Spinn- und Zuchthäuser und die verordnete Tätigkeit der Höckerinnen, Bürgertöchter und Handwerkerfrauen.

Allerdings versuchte der brandenburgisch-preußische Staat auch mit positiver Stimulierung dem Mangel an Baumwollgespinsten abzuhelfen, indem Prämien von 1 bis 5 Rthl. (je nach Qualität des Garns) ausgesetzt wurden, diese sollten einmal im Jahr gezahlt werden.[40]

Der brandenburgisch-preußische Staat wandte die rechtlichen Möglichkeiten zur Beherrschung der komplizierten Arbeitskräftesituation sehr differenziert und im Ergebnis doch wirkungsvoll an. Benefizien auf der einen Seite zum Anlocken fremder Arbeitskräfte standen Unterdrückung und Zwang gegen einheimische Arbeitskräfte (oder auch nur potentielle Arbeitskräfte) gegenüber.

III. Die Rechtsstellung der Arbeiterschaft in bezug auf den Arbeitsprozeß

1. Die Anfänge eines gesonderten Arbeitsrechts

Die Anfänge des Arbeitsrechts vollzogen sich im 17. und 18. Jahrhundert durchaus im Rahmen des feudalen Staatsrechts und der Staatswissenschaft. Gerade in der Zeit des Absolutismus tritt die politische Komponente des Arbeitsrechts besonders deutlich hervor. Der Individualismus eines späteren kapitalistischen Vertragsrechts hatte noch nicht eingesetzt.

Wenigstens für Brandenburg-Preußen sucht man für jene Zeit vergeblich nach

---

[39] Zahlen nach Hildegard Hoffmann, a. a. O., S. 281.

[40] Vgl. Publicandum wegen der Baumwollen-Spinnerey vom 22. Mai 1753 in NCC, VO v. 1753, No. 31, Spalten 455 + 456.

einer einheitlichen arbeitsrechtlichen Kodifikation; auch von einem besonderen Rechts- bzw. Wissenschaftszweig „Arbeitsrecht“ kann noch nicht die Rede sein. Die rechtlichen Regelungen waren viel mehr genauso vielfältig und abgestuft, wie es die Anfänge der kapitalistischen Unternehmen selbst waren. So setzt sich das Arbeitsrecht der damaligen Zeit aus einer Vielzahl von Einzelentscheidungen zusammen, die im wesentlichen zur Lösung von Einzelfragen ergingen, dann aber bei Auftreten der gleichen Fragen als über den Einzelfall hinaus gültige Rechtsnormen behandelt wurden. Dabei traten zwischen den für einzelne Unternehmen oder Industrien gültigen Rechtsvorschriften zum Teil erhebliche Unterschiede auf. Trotz alledem gab es aber auch Gemeinsamkeiten – und das vor allen Dingen in Grundzügen –, die wohl durchaus dazu berechtigen festzustellen, daß es bereits ein vom übrigen Recht getrenntes (wenn auch von ihm beeinflußtes) Arbeitsrecht gab. Dieses Arbeitsrecht umfaßt m. E. die Gesamtheit all jener rechtlichen Bestimmungen, die allgemein und überall in dem brandenburgisch-preußischen Staatsgebilde zur Regelung von Arbeitsverhältnissen Anwendung fanden. Hierzu zählen aber auch die unzähligen Einzelentscheidungen zur Lösung konkreter im jeweiligen Arbeitsverhältnis auftretender Rechtsfragen. Letzteres um so mehr, als diese Einzelentscheidungen häufig vom König selbst oder von seinen entsprechenden höchsten Leitungsgremien ergingen und sie somit von vornherein gesetzliche Wirkung hatten. Die Herausbildung des kapitalistischen Arbeitsrechts geschah gleichsam parallel mit der Entwicklung kapitalistischer Produktionsverhältnisse, mit der Gründung der ersten kapitalistischen Produktionsunternehmungen und dem Auftreten einer Schicht doppelt freier Lohnarbeiter. Daß dieses erste Arbeitsrecht noch stark feudalistische Züge trägt, liegt daran, daß es zwar den Notwendigkeiten kapitalistischer Produktion einerseits Rechnung tragen mußte, andererseits – ebenso wie die kapitalistischen Produktionsverhältnisse selbst – aus dem Schoße der feudalistischen Gesellschaftsordnung geboren wurde.

Ausgangspunkt und Kernstück des sich entwickelnden kapitalistischen Arbeitsrechts war der Arbeitsvertrag, er wurde zwischen juristisch einander gleich gegenüberstehenden Partnern abgeschlossen. Erst auf seiner Basis waren Rechtsfolgen aus dem Arbeitsverhältnis denkbar. In ihm konnten solche wesentlichen Dinge wie die Dauer des Beschäftigungsverhältnisses und die Kündigungsfrist geregelt werden. Der Arbeitsvertrag wurde dann schließlich im weiteren auch zum Dreh- und Angelpunkt in der Rechtsprechung. Dabei kam es für die Rechtswirksamkeit eines Arbeitsvertrages nicht darauf an, ob der Ouvrier zünftig gebunden war oder nicht, ja er konnte selbst mit Hilfskräften wie Tagelöhnern, Spinnerinnen und Mahlermädchen abgeschlossen werden. Es waren auch Arbeitsverträge möglich, die mit an sich unfreien Arbeitskräften abgeschlossen wurden. Voraussetzung dafür war allerdings, daß diesen Arbeitskräften die für den Abschluß solcher Verträge notwendige Freiheit gewährt wurde. Insofern standen die Arbeiter dann den Unternehmern auch juristisch gleich gegenüber – zumindest soweit der Unternehmer nicht gleichzeitig der Feudalherr war, dem sie untertan waren.[41] Soweit Hörige in den Unternehmungen ihres Feudalherrn arbeiteten und dafür Entlohnung erhielten, kann wohl von einem Arbeitsverhältnis kapitalistischer Prägung nicht gesprochen werden, es liegen vielmehr eindeutig feudale Produktionsverhältnisse vor.[42]

2. Der Arbeitsvertrag

a) Grundlagen und Bedeutung des Arbeitsvertrages

Kapitalist und Arbeiter, Entrepreneur und Ouvrier traten einander beim Abschluß des Arbeitsvertrages juristisch zunächst völlig gleich gegenüber.[43] Der Entrepreneur hatte kein Recht auf die Arbeitsleistung einer bestimmten, von vornherein festliegenden Gruppe von Arbeitern, der Ouvrier nicht die Pflicht, seine Arbeitskraft einem von vornherein bestimmten Entrepreneur zum Kaufe anzubieten. Unter Berücksichtigung der ökonomischen Zwangslage der Arbeiter, ihre Arbeitskraft verkaufen zu müssen, bedeutet diese juristische Gleichstellung, daß sich der Arbeiter aussuchen konnte, von welchem Entrepreneur er ausgebeutet werden wollte; gleichermaßen konnte aber auch der Entrepreneur sich für die Ausbeutung bestimmter Arbeiter entscheiden.

Der Arbeitsvertrag war dabei ausschließlich auf den Verkauf/Kauf der Ware Arbeitskraft gerichtet, während zum Beispiel im Fall des Gesindevertrages oder auch der Verträge, die die Gesellen mit den Handwerksmeistern eingingen, auch immer Fragen des Familienanschlusses und der häuslichen Wohngemeinschaft geregelt wurden. Allerdings waren die Gesindeverträge keine Verträge im bürgerlichen Sinne. Er herrschten zumeist Zwangsgesindeordnungen vor, deren Bedingungen positiv rechtlich gesetzt worden waren. Ähnlichkeiten mit den Arbeitsverträgen gab es nur insofern, als das Gesinde sich unter den Grundeigentümern seines Gerichtsbezirks einen Arbeitsplatz auswählen durfte, nicht aber die Bedingungen des Vertrages selbst. Die Gesindeordnungen sahen oft strenge Strafen für solche Grundeigentümer und städtischen Haushalte vor, die dem Gesinde höhere Löhne anboten oder zahlten, um sie in den Zeiten verknappter Arbeitskräfte für sich anzuwerben.[44]

Der Entrepreneur war auch nicht – wie der zünftige Meister – in der Anzahl

---

[41] Arnost Klima, a. a. O., insbes. S. 111 ff.

[42] Hildegard Hoffmann, a. a. O., S. 280.

[43] Hinsichtlich der Bedeutung der Gleichheit der Menschen vor dem Gesetz als wesentlichem Unterscheidungsmerkmal des Kapitalismus gegenüber dem Feudalismus vgl. Arnost Klima, a. a. O., S. 104.

[44] Zu den Regelungen des Gesindevertrages für ländliches Gesinde vgl. Ernst Lenhoff, Das ländliche Gesindewesen in der Kurmark Brandenburg vom 16. bis 19. Jahrhundert, in: Untersuchungen zur Deutschen Staats- und Rechtsgeschichte, 79. Heft, Breslau 1906.

der Personen, die er bei sich beschäftigen wollte und mit denen er demzufolge Arbeitsverträge eingehen mußte, beschränkt. In dem Patent vom 8. März 1699 wegen der Bosenischen Gold- und Silbermanufaktur wird beispielsweise ausgeführt: „4. Daneben aber sollen die Refugierte, sie seyen inn oder ausser Innungen, dafern sie nur dieser Manufactur-Arbeit verstehen, und die Privilegierte (Gebr. Bosen – H.-P. Z.) nach dem Debit ihrer Waaren, Arbeiter anzunehmen nötig finden, nach Inhalt des Privilegii, vor allen anderen, nachdem sie getreu befunden werden, behörigen Gehorsam erweisen, und mit dem Lohn, wofür andere arbeiten zufrieden seyn wollen, bey dieser Manufactur emploiret werden; Und 5. Niemand die Arbeiter mit einigem Vorwurf von Fuscher und dergleichen beschimpffen ..."[45] Das heißt, daß den Entrepreneurs dieser Manufaktur bei der Auswahl und Einstellung ihrer Arbeitskräfte völlig freie Hand gelassen wurde. Für die Ausgestaltung der Arbeitsverträge gab es weder inhaltliche noch Formvorschriften, sie konnten nach dem Belieben der Vertragspartner gestaltet werden, was natürlich hieß, daß sie entsprechend den Bedürfnissen des jeweiligen Unternehmers gestaltet wurden. Ausgehend von seiner sozialen Lage und dem Zwang, seine Arbeitskraft verkaufen zu müssen, blieb dem Arbeiter in der Regel keine Alternative zu den angebotenen Vertragsbedingungen.

Besondere Auseinandersetzungen gab es meist wegen der Anstellung unzünftiger Arbeitskräfte für die Verrichtung von zünftigen Arbeiten. Hier bedurfte der Unternehmer schon eines besonderen Privilegs, um für derartige Arbeiten unzünftige Arbeitskräfte unter Vertrag nehmen zu können. Eine generelle Befreiung kapitalistischer Unternehmungen vom Zunftzwang gab es im 17. und 18. Jahrhundert in Brandenburg-Preußen noch nicht. Für die Arbeit selbst war es für die Unternehmer ohne Belang, ob sie von zünftigen oder unzünftigen Arbeitskräften verrichtet wurde. Mit der Einführung der Maschinenarbeit und deren ständiger Zunahme war es ohnehin immer weniger notwendig, umfassend handwerklich ausgebildete Arbeitskräfte zu beschäftigen. Ferner ist zu berücksichtigen, daß in den Fabriken eine saubere Trennung in zünftige und unzünftige Arbeitsvorgänge, in Haupt- und Nebenarbeiten ständig schwerer wurde. Häufig war es den Unternehmern deshalb lieber, unzünftige Arbeiter und Meister zu beschäftigen, da mit ihnen keine Auseinandersetzungen wegen der Verrichtung unzünftiger oder Nebenarbeiten zu befürchten waren.

Im Verlagswesen oder in der dezentralisierten Manufaktur war die Angelegenheit weitgehend unproblematisch, da die beschäftigten Meister Fertigprodukte zu liefern hatten. Deshalb verwundert es auch nicht, wenn es in einem Bericht des Königl. Manufactur- und Commerz-Collegiums vom 17. August 1798 heißt: „Ob übrigens die Meister sich zur Zunft hielten, oder auf die Freiheit arbeiteten, davon nähmen sie (die Gebrüder Hesse – H.-P. Z.) weiter keine Notiz."[46]

---

[45] CCM, V. Theil, II. Abtheilung, V. Cap., Spalten 453–456.

[46] ZSTA, Dienststelle Merseburg, Gen.-Dir., Fabr.-Dept., Tit. LXXXX, Nr. 16, Bl. 159 v.

Für die brandenburgisch-preußische Staatsverwaltung war diese Frage nun doch weit problematischer. Klar war allen Beteiligten, daß das Zunftsystem auf die Dauer nicht zu halten war. Das General-Fabriken-Departement drückte seine Auffassung zu dieser Frage deutlich akzentuiert aus, indem es schrieb: „Der strenge Gewerkszwang verträgt sich keineswegs mit der fortschreitenden Fabrikindustrie anderer Länder . . .“[47]

Das General-Direktorium, das zwar in der zur Debatte stehenden Angelegenheit des Fabrikanten Gleisberger eine andere Stellung als das Fabriken-Departement einnahm – auf die Argumente dazu wird noch einzugehen sein –, antwortete zwar zurückhaltender aber in seiner Stellung zum Zunftzwang nicht weniger deutlich: „Diesen Zunftzwang und diese Förmlichkeiten, so weit es ohne Nachteil der Gesellschaft geschehen kann . . . aufzuheben, ist unsre angelegentliche Bemühung.“[48]

Auch das „Königliche Ober-Finantz-, Kriegs- und Domänen-Direktorium“ trat der geäußerten allgemeinen Auffassung über die Einschränkung und schließliche Aufhebung des Zunftzwanges bei. In einem Schreiben vom 21. Mai 1792 wurde dargelegt: „Wir sind ferner damit sehr einverstanden, daß um die Fabriken zu befördern, der Zunftzwang eingeschränkt und nach und nach aufgehoben werden müßte.“[49]

Trotz dieser allgemeinen Einsicht war man nur bereit, von Fall zu Fall vom Zunftzwang zu befreien und entsprechende Konzessionen zu erteilen. Die Gründe für das Festhalten am Zunftsystem sind in der feudalen Staatsordnung zu suchen. Das General-Direktorium führte in seinem erwähnten Schriftsatz aus: „. . . warum Wir es bedenklich halten, schon jetzt sehr auffallende Eingriffe in das Zunftsystem zu machen, daß Wir ferner einen Fabrikanten nur für einen Freimeister in seinem eigentlichen Gewerbe nicht aber den Neben- und Hülfsarbeiten anerkennen können und daß selbst bei aller Zunftbefreiung vorzüglich darauf gesehen würde, daß die Arbeiter, sie mögen als eigentliche Professonisten oder Fabrikenarbeiter angesehen werden, Bürger werden, und in dieser Eigenschaft dem Staat die öffentlichen, und der bürgerlichen Gesellschaft die gesellschaftlichen Pflichten leisten.

[. . .]

Mit diesen besonders den beiden letzten, zu Erhaltung der preußischen Staatsverwaltung so nothwendigen Grundsätzen, würde es sich nicht vereinigen lassen, wenn dem Sattler Gleisberger zu Potsdam verstattet werden sollte, sich eigene Professionisten zu seinen Nebenarbeiten in seinem Lohn und Brod zu halten, welche daher nichts anderes, als selbst unzünftige Gesellen von mehreren Gewercken sein würden. Die daraus entstehenden Beschwerden und Folgen lassen sich

---

47 ZSTA, Dienststelle Merseburg, Gen.-Dir., Fabr.-Dept., Tit. LXXXX, No. 44, Bl. 1 v.
48 Ebenda, Bl. 3.
49 Ebenda, Bl. 6.

leicht voraussehen. Wenn ein kluger Handwerker eine neue Form erfände, oder, wie im gegenwärtigen Fall, eine auswärtige Form nachmachte (Gleisberger wollte eine Produktion englischer Sättel gründen. – H.-P. Z.), so würde er ein gleiches wie der Gleisberger verlangen. Solche Geschäfte würden daher in die Hände weniger Menschen kommen, welche sich zwar Gesellen und Gehülfen verschiedener Art halten könnten, aber desto mehr würde der Staat und die bürgerliche Gesellschaft an eigentlichen Bürgern verlieren ..."[50] Darum ging's also! Einerseits wollte man zwar die Vorteile kapitalistischer Produktion nutzen, andererseits war man aber nicht bereit, die entsprechenden Veränderungen im feudalen Staatsgefüge durchzusetzen oder auch nur durchgehen zu lassen. Es waren also nicht wirtschaftliche Überlegungen, die zur Verteidigung des Zunftsystems Anlaß gaben, sondern es war im Prinzip eine Frage der Durchsetzung preußischer Staatsräson. Es wurde bereits in dieser relativ frühen Phase kapitalistischer Entwicklung das feudalistische Gesellschaftssystem ein echtes Hindernis für die Fortbildung kapitalistischer Produktionsverhältnisse. Dieser Aspekt, der bei dem Abschluß von Arbeitsverträgen zu berücksichtigen war, war mehr als nur eine juristische Frage.

b) Der Abschluß von Arbeitsverträgen

Wie das Verfahren beim Abschluß der Arbeitsverträge exakt funktionierte, darüber geben die Akten kaum Aufschluß. Als sicher können jedoch zwei Formen des Vertragsabschlusses angesehen werden – der mündliche und der schriftliche Vertragsabschluß.

Die Hauptform des Vertragsabschlusses ist zweifelsohne die mündliche gewesen. In dieser Form sind in Brandenburg-Preußen täglich Tausende Arbeitsverträge abgeschlossen worden. Es sind dies insbesondere die Arbeitsverträge mit den Hilfskräften und Tagelöhnern.[51] Die tageweise Beschäftigung dieser Arbeiter sprach zum einen gegen den Aufwand schriftlicher Verträge zum anderen waren die Modalitäten für die Vertragspartner derart übersichtlich, daß es der Schriftform nicht bedurfte.

Aber auch mit ausgebildeten Arbeitskräften sind wohl in der Überzahl diese mündlichen Verträge geschlossen worden. Die Arbeiter, mit denen mündlich der Arbeitsvertrag abgeschlossen wurde, waren regelmäßig leicht zu ersetzen, sie verfügten kaum über Spezialkenntnise und so war eine schriftliche Fixierung des Vertrages aus der Sicht der Entrepreneurs nicht notwendig.

Anders war es dagegen bei Arbeitern, die über Spezialwissen verfügten, die

---

[50] Ebenda, Bl. 2–3.

[51] Zum Arbeitsverhältnis der ländlichen Tagelöhner schreibt Ernst Lenhoff in Auseinandersetzung mit dem Gesindevertrag: „Auch das Arbeitsverhältnis der Tagelöhner ist ein vertragliches." A. a. O., S. 38.

eben nicht so leicht zu ersetzen waren. Hier lag es durchaus im Interesse der Unternehmer, nachdrücklich und nachweisbar die gegenseitigen Rechte und Pflichten festzuhalten, besonders was die Frage der Beschäftigungsdauer und der Kündigungsfrist anging. Bei einzelnen dieser Arbeitskräfte war es für das Unternehmen geradezu lebensnotwendig, sie fest vertraglich zu binden, da ohne ihr Spezialwissen oder ihre besondere Fertigkeit das Unternehmen in seinem Fortbestand gefährdet gewesen wäre.

Wenn selbst mit länger beschäftigten Arbeitern keine schriftlichen Verträge abgeschlossen wurden, dann oft in der eindeutigen Absicht, die Arbeiter juristisch zu übervorteilen. Einerseits sollten die Arbeiter in der Furcht leben, daß ihr Arbeitsrechtsverhältnis jederzeit aufkündbar ist, andererseits erbringt ihnen ein mündlicher Vertrag in einem etwaigen Prozeß gegen ihren Unternehmer zusätzliche Beweisschwierigkeiten.

Der Vertagsabschluß durch Briefwechsel kann als eine Sonderform des schriftlichen Vertragsabschlusses angesehen werden. Zu dieser Vertragsabschlußform griff man besonders dann, wenn wichtige Arbeitskräfte aus dem Ausland verpflichtet werden sollten. In diesem Zusammenhang wurden auch vertragliche Regelungen abgeschlossen, die im Prinzip nur der Vorbereitung des späteren Arbeitsverhältnisses dienten. Hierzu gehörten vor allen Dingen Regelungen über die Übernahme von Reise- und Transportkosten.

Eine besondere Form des Arbeitsvertrages mit solchen auswärtigen Arbeitskräften war der über eine Arbeit auf Probe. Dabei ging es darum, daß weder der Entrepreneur den Ouvrier kannte noch umgekehrt und daß es für beide vertragsschließenden Seiten möglich sein mußte, zunächst einander zu prüfen. Aus den Akten sind mir zwei Fälle einer solchen Arbeit auf Probe aus der Eisen- und Stahlwarenfabrik zu Neustadt-Eberswalde bekannt, die wieder zur Aufhebung des Arbeitsverhältnisses führten. Das ist einmal der Vertrag, der mit Joh. Ritzmann abgeschlossen war und zum anderen der mit Justinus Dienus abgeschlossen gewesene Vertrag. In der „Specification derer Ouvriers welche bei der Neustadt Eberswaldeschen Stahl und Eisen Waaren Fabrique seit deren Übergabe de 1753 bis ult. Juny 1780 wieder abgegangen und mit anderen ersetzt sind." findet man dazu folgende Vermerke:" ...

39. Joh. Ritzmann Hat sich vom Hn. Resident Avenarius zu Mühlhausen als Feilenhauer engagieren laßen, war aber ein Zahn-Artzt; also nicht zu gebrauchen, und wieder dimittirt.

[...]

56. Justinus Dienus, Meßerschmidt, kam zur Probe hierher hiesige Verfassungen aber standen ihn nicht an und ging wieder fort."[52]

---

[52] ZSTA, Dienststelle Merseburg, Gen.-Dir., Fabr.-Dept., Tit. CDXXXIX, No. 11, adhib. 2, Bl. 66. Die vertragliche Bindung Ritzmanns durch den Residenten Avenarius gibt gleichzeitig auch wieder einen Hinweis auf staatliche Aktivitäten bei der Arbeitskräftebeschaffung!

Der Vertragsabschluß wurde für den Entrepreneur häufig von leitenden Angestellten vollzogen. Diese Vertretung des Kapitalisten mit dem Zwecke der Lenkung und Beaufsichtigung des Arbeitsprozesses, die bereits mit dem Vertragsabschluß beginnt, ist für die kapitalistische Produktion geradezu symptomatisch.[53] Wenn auf der einen Seite die Kapitalisten durchaus ein Interesse am Abschluß recht konkreter Arbeitsverträge mit bestimmten Arbeitern hatten, so scheuten sie sich aber andererseits davor, mit allen Arbeitern schriftlich exakt fixierte Arbeitsverträge abzuschließen, sie weigerten sich teilweise sogar förmlich, wenn ihnen ein solcher Vertragsabschluß von ihren Arbeitern angetragen wurde. Der Grund dafür ist die schließlich auch den Kapitalisten bindende Gegenseitigkeit dieser Verträge. Ein markantes Beispiel für eine solche Verhaltensweise gibt der Bericht des Polizeidirektoriums (gleichzeitig Fabrikengericht) über den Rechtsstreit des Kattunfabrikanten Sieburg gegen die bei ihm beschäftigt gewesenen Arbeiter Bodener und Hess. Hier heißt es: „Der Syburg hat den Bodener auf keine gewisse Zeit, den Hess aber nur auf Zwey Jahre engagiret. Er hat mit ihnen keinen Contract errichtet, ja solches sogar verweigert, als der Heß es verlangt hat.

[...]

Was die übrigen Ouvriers des Syburg betrifft, so hat der Syburg auch mit diesen keine Contracte gemacht, und aus seinen deshalb ad Protocollum gethanen näheren Anzeige, folget soviel, daß er daraus den Vorteil zu ziehen gedenke, daß er diese Leuthe unvermuthet verabschieden könne damit sie nicht, wenn sie wüßten wann eher ihre Zeit zu Ende gehet, gegen solcher in ihren Fleiß und Diensten nachlassen mögten ...“[54]

Die Feststellung, daß Sieburg keine „Contracte“ errichtet hat, läuft eindeutig auf den unterbliebenen Abschluß schriftlicher Arbeitsverträge hinaus. Mündliche Arbeitsverträge lagen in jedem Fall vor. Besonders bei Hess wird das deutlich. Ihn hatte Sieburg auf „Zwey Jahre engagiret“, wie anders als durch Vertrag, an den sich auch beide gehalten haben, sollte das geschehen sein? Andererseits wird zu Hess ausgeführt, daß er sogar den Abschluß eines Kontraktes verlangt habe. Aus der Gegenüberstellung dieser beiden Darstellungen erhellt eindeutig, daß es um den Abschluß schriftlicher Verträge ging.

Das vorgegebene Nachlassen des Fleißes seiner Arbeiter wenn sie wüßten, daß ihre Aufkündigung bevorsteht, ist offensichtlich nur zur Bemäntelung der Absicht Sieburgs, seinen Arbeitern jederzeit unvermutet aufkündigen zu können, vorgetragen worden. Wenn Sieburg seinen Arbeitern den Lohn kürzt, dann kommen ihm bemerkenswerterweise derartige Bedenken nicht – und hier wären sie sicher noch angebrachter gewesen.[55] Seine ökonomische Machtposition wird von Sieburg dazu

---

53 Karl Marx, a. a. O., S. 347 f.

54 ZSTA, Dienststelle Merseburg, Gen.-Dir., Fabr.-Dept., Tit. CCLVIII, No. 53, Bl. 50.

55 Vgl. ebenda, Bl. 99–112.

mißbraucht, bereits in der Phase des Vertragsabschlusses dafür zu sorgen, seine Arbeiter rechtlich zu übervorteilen.

Als eine wesentliche Voraussetzung für den Abschluß des Arbeitsvertrages muß die ordnungsgemäße Beendigung des vorhergehenden Arbeitsverhältnisses angesehen werden. Als Beweis für die ordnungsgemäße Beendigung galt die Vorlage eines gedruckten Erlassungsscheines. Ohne einen solchen Erlassungsschein sollte kein Geselle von einem Entrepreneur in Arbeit aufgenommen werden.[56] Um diese Forderung durchzusetzen, wurden die Unternehmer für den Fall der Zuwiderhandlung mit Geldstrafen bedroht.[57] Für den Abschluß eines Arbeitsvertrages mit einem Meister war die vorherige Vorlage eines Attestes verbindlich vorgeschrieben.[58] Erlassungsscheine und Atteste betrafen jedoch nicht ungelernte Arbeiter, sie konnten ohne Vorlage dieser Dokumente eingestellt werden.[59] Ausgangspunkt dieser Festlegung war sicherlich die Tatsache, daß die meisten der ungelernten Arbeiter als Hilfskräfte nur tageweise beschäftigt waren und Vorschuß oder Anschaffung von Produktionsmitteln für deren persönlichen Arbeitsbedarf ebensowenig eine Rolle bei der Ausgestaltung des Arbeitsrechtsverhältnisses gespielt haben dürften wie Spezialkenntnisse irgendeiner Art.[60] Für den einstellenden Unternehmer waren Atteste und Erlassungsscheine auch noch insofern von Bedeutung als sie Auskunft über das Verhalten des Meisters bzw. Gesellen in seiner vorherigen Tätigkeit gaben. Aus der Formulierung „so habe zur Steuer der Wahrheit unter meiner eigenhändigen Nahmens Unterschrift und Pettschaft bescheinigen wollen, daß derselbe sich währender Zeit bei mir (jetzt folgt im Formular freier Raum – H.-P. Z.) verhalten."[61] geht eindeutig hervor, daß sich die Unternehmer durch derartige Kurzbeurteilungen vor unliebsamen Arbeitern schützen wollten. Die Einschätzung des „Verhaltens" geht über die Einschätzung der reinen Arbeitsleistungen doch weit hinaus. Auch die Angaben über die Art der ausgeübten Tätigkeit und die Art der Fabrik waren für den Abschluß des Arbeitsvertrages – besonders mit Rücksicht auf die weitere Spezialisierung und Subspezialisierung von Meistern und Gesellen – wichtig. Schließlich war ein wichtiger Bestandteil der Erlassungsscheine der Hinweis auf etwa noch nicht zurückgezahlten Vorschuß. Hier enthielt der Erlassungsschein quasi eine Lohnabtretungserklärung zugunsten des vorherigen Entrepreneurs. Die Rückzahlung solcher Schulden

---

[56] Vgl. Avertissement wegen der Erlaß-Scheine für Meister, Gesellen und Ouvriers aus den Fabriquen. De Dato Berlin, den 25. Octobr. 1770, NCC, No. 74, Spalten 7401–7402.

[57] Hinze, a. a. O., S. 213; siehe aber auch STA Potsdam, Pr. Br., Rep. 30 A Berlin, Pol.-Dir., Tit. 12, Nr. 79, Bl. 132 – hier sogar „nach Beschaffenheit der Umstände" 8tägiger Arrest!

[58] Wegen der Formulare für Erlassungsscheine und Atteste vgl. ZSTA, Dienststelle Merseburg, Gen.-Dir., Fabr.-Dept., Tit. LXXXX, Nr. 16, Bl. 15 und Bl. 86.

[59] Vgl. ebenda, Bl. 136–139.

[60] Vgl. ebenda, Bl. 137.

[61] Ebenda, Bl. 15.

war bereits bei Abschluß des Arbeitsvertrages hinsichtlich der Festlegung des Lohnes zu berücksichtigen. Wenngleich die Erlassungsscheine und Atteste für die Unternehmer wichtige Hinweise enthielten, kam es doch immer wieder vor, daß Meister und Gesellen ohne Vorlage dieser Bescheinigungen eingestellt wurden. Der Mangel an Arbeitskräften und auch der bereits einsetzende Konkurrenzkampf waren die dafür ausschlaggebenden Beweggründe.

c) Der Inhalt der Arbeitsverträge

Der Gegenstand der Arbeitsverträge wurde von den Bedürfnissen der Produktion bestimmt. Die Arbeitsverträge legten zunächst den Zeitpunkt der Arbeitsaufnahme fest. Es kann durchaus davon ausgegangen werden, daß Arbeitsverträge nicht in jedem Fall erst unmittelbar vor Arbeitsaufnahme abgeschlossen wurden. Die Verpflichtung ausländischer Arbeitskräfte zum Beispiel ging – selbst wenn eine Arbeit auf Probe vereinbart wurde – in aller Regel mit dem Abschluß eines Arbeitsvertrages einher. Schon aus objektiven Gründen lag hier der Abschluß eines Arbeitsvertrages längere Zeit vor Antritt der Arbeit. Die Arbeitsteilung der Produktion erforderte auch eine entsprechende Abstimmung zwischen dem Umfang der Produktion und der Anzahl der beschäftigten Arbeitskräfte. Schließlich waren auch derartige Verträge mit inländischen Ouvriers möglich, nämlich dann, wenn sie noch in einem anderen Unternehmen arbeiteten und hier die Aufkündigungszeit beachten mußten, sich aber bereits vertraglich dem neuen Entrepreneur verbunden hatten. Der Schutz der Interessen der Unternehmer, die sich von einem gewissen Zeitpunkt an einer gewissen Anzahl und Qualität der Arbeiter versichern wollten und der Schutz der Interessen der Arbeiter, die aus wirtschaftlichen Rücksichten selten eine Arbeit kündigen konnten, ohne bereits eine neue fest in Aussicht bzw. bereits vertraglich gebunden zu haben, gab Veranlassung, Verträge abzuschließen, bei denen der Zeitpunkt des Vertragsabschlusses nicht mit dem Zeitpunkt des Wirksamwerdens des Vertrages übereinstimmte.

Ein wesentlicher weiterer Vertragsgegenstand war die Art der Arbeit. Einmal erforderte die Spezialisierung und Subspezialisierung der ausgebildeten Arbeiter eine solche genaue Festlegung, andererseits war das aber auch bei den Hilfskräften und Tagelöhnern notwendig, da sie für eine Vielzahl von Verrichtungen in dem Unternehmen beschäftigt werden konnten.

Aus den Akten ist beispielsweise zu ersehen, daß der Schleifer Peter Lesser Kohlenschwefler geworden ist und der Lichtputzmacher Conrad Tiller nach Potsdam verzogen ist, um in der dortigen Gewehrfabrik zu arbeiten; beide arbeiteten zuvor in der Neustadt-Eberswaldeschen Eisen- und Stahlwarenfabrik.[62]

---

[62] Siehe: ZSTA, Dienststelle Merseburg, Gen.-Dir., Fabr.-Dept., Tit. CDXXXIX, No. 11, adhib. 2, Bl. 65–66, Nr. 15 und 52.

Ein wichtiger Vertragsgegenstand war auch der Arbeitsort. Ohne weiteres klar wird das bei der Verpflichtung ausländischer Arbeitskräfte. Hier mußte von vornherein eindeutig geklärt werden, wo die Arbeiter für den Unternehmer zu arbeiten hatten. An diese Frage war gleichzeitig die Verlegung des Wohnsitzes der Familie geknüpft. Auch im Inlande hatte diese Seite des Vertragsgegenstandes einige Bedeutung, da ein und derselbe Unternehmer einmal mehrere Unternehmen oder aber ein Unternehmen an verschiedenen Orten betreiben konnte. Es war auch durchaus möglich, daß zu einem Unternehmen sowohl Hausindustrie gehörte als auch bereits in einem Fabrikgebäude zentralisierte Produktion. Es mußte in jedem Fall klargestellt werden, wo der Arbeiter seine Tätigkeit verrichten sollte. Relativ unproblematisch war diese Frage bei den Arbeitsverträgen mit den Tagelöhnern, wenn diese unmittelbar am Arbeitsort ihre Arbeitskraft anboten. Hier war aus den näheren Umständen der Arbeitsort geklärt und bedurfte in der Regel keiner weiteren Erörterung. Bedeutsam war die Klärung des Arbeitsortes für die arbeitsvertraglichen Vor- und Nebenabreden wegen der Übernahme der Reise- und Transportkosten und der etwaigen Übergabe von Wohnraum. In der Praxis wurden diese Vor- und Nebenabreden häufig mit den arbeitsvertraglichen Vereinbarungen verknüpft. Es ist deshalb wohl auch mehr von theoretischem Belang, hier eine genaue Trennlinie zu ziehen. Sicherlich ist es auch vorgekommen, daß Abmachungen über die Übersiedelung von Arbeitskräften getroffen wurden, ohne daß hier bereits ausreichende Klarheit über einen eventuellen späteren Einsatz bestand. Hinze bringt dafür ein Beispiel, das aber wohl doch nicht für typisch angesehen werden kann.[63] In diesem Zusammenhang ist auch Gellbach beizupflichten, der solche Verträge als Vorverträge klassifiziert, denen konkrete Arbeitsverträge nachfolgen sollten.[64] Wenn man aber dagegen die vielfältigen Bemühungen der Entrepreneurs sieht, zu Arbeitskräften zu kommen, dann sind solche reinen Vorverträge sicherlich die Ausnahme gewesen.[65] Wichtig für die Vereinbarung des Arbeitsortes war auch die Tatsache, daß zuweilen ausländische Geschäftspartner im Auftrage der brandenburgisch-preußischen Unternehmer für diese die Arbeitsverträge abgeschlossen haben – da mußte schon eindeutig sein, für wen der Arbeiter angestellt wurde, und wo er arbeiten sollte.[66]

Neben diesen grundsätzlichen Bestandteilen der Arbeitsverträge gab es eine Reihe weiterer vertraglicher Abreden. Zu ihnen gehörte beispielsweise auch die Festlegung einer bestimmten Beschäftigungsdauer. In den Akten ist ein Hinweis darauf zu finden, daß der Fabrikant Sieburg mit dem Zeichenmeister Hess eine

---

[63] Kurt Hinze, a. a. O., S. 104–105.

[64] Horst Heinrich Gellbach, Arbeitsvertragsrecht der Fabrikarbeiter im 18. Jahrhundert, Jur. Diss., Bonn 1939, S. 22.

[65] Kurt Hinze, a. a. O., S. 103.

[66] Vgl. ebenda, S. 101.

zweijährige Beschäftigungszeit vereinbarte.[67] Diese zweijährige Beschäftigungszeit sicherte zwar dem Zeichenmeister Hess für diese Zeit seinen Arbeitsplatz, das war aber nicht der Hauptzweck einer solchen Vereinbarung. Im Vordergrund stand hierbei wohl eher die Absicht des Fabrikanten Sieburg, sich die Kenntnisse und Fähigkeiten des Zeichenmeisters eben für eine bestimmte Zeit zu sichern. Dabei nahm Sieburg dann sogar in Kauf, in seiner Freiheit, seinen Arbeitern jederzeit unvermutet die Arbeit aufsagen zu können, sich selbst beschränken zu müssen. Wie empfindlich ihn der Abgang von Hess nach Ablauf der vereinbarten zwei Jahre traf, zeigt der Rechtsstreit, den Sieburg gegen Hess und Bodener anstrengte, um zu verhindern, daß diese ihre Kenntnisse einer anderen Fabrik bzw. Manufaktur zur Verfügung stellten bzw. sich selbständig machten.[68]

Da der Lohn gesetzlich selten vorgeschrieben war, und auch andere tarifliche Bestimmungen noch nicht existierten, war der Lohn meist zwangsläufig sowohl hinsichtlich der Art der Entlohnung (Geld und Viktualien), der Lohnform (Zeit- oder Stücklohn) als auch der Höhe nach Gegenstand arbeitsvertraglicher Vereinbarung. Hinzu kamen unter Umständen noch weitere Vereinbarungen über etwaige Abzüge vom Lohn, wie zum Beispiel für erhaltenen Vorschuß (unabhängig davon, ob dieser vom jetzigen oder einem vorherigen Unternehmer gewährt wurde) oder für Miete oder ähnliche Zahlungen.

Am Beispiel der Entlohnung in der Berliner Porzellanmanufaktur läßt sich leicht erkennen, wie differenziert bereits Mitte des 18. Jahrhunderts die einzelnen Lohnformen angewandt wurden. Während der Arcanist, die sechs Commissen, der Modellmeister und die drei vorgesetzten Maler Quartalsgehälter bezogen, erhielten die beiden Bildhauer und einige andere Beschäftigte Monatslöhne. Die meisten Arbeiter wurden jedoch im Wochenlohn entlohnt, etliche erhielten Stücklohn, so die Poussirer, Former, Geschirrdreher, Maler und Blaumaler. Auch die Lohnhöhe war sehr unterschiedlich festgelegt. Wenigen Spitzengehältern zwischen 1 200 und 2 000 Talern stand die Masse der Löhne zwischen 52 und 250 Talern jährlich gegenüber.[69] Die Masse der Arbeiter wurde also in einer Höhe entlohnt, die gerade etwas mehr als das Existenzminimum gewährleistete – ausgehend davon, daß ein Taler in der Woche das Existenzminimum darstellte, zu dieser Feststellung berechtigt wohl die Tatsache, daß arbeitslosen Plüschmachern vom König ein Wartegeld in Höhe von 1 Taler pro Woche zuerkannt worden war.[70]

Während die Arbeitseinkommen in der Porzellanmanufaktur zwischen 4 und

---

67 ZSTA, Dienststelle Merseburg, Gen.-Dir., Fabr.-Dept., Tit. CCLVIII, No. 53, Bl. 50.

68 Vgl. ebenda.

69 Auguste Dorothea Bensch, Die Entwicklung der Berliner Porzellanindustrie unter Friedrich dem Großen, Berlin 1928, S. 31.

70 Vgl. ZSTA, Dienststelle Merseburg, Gen.-Dir., Fabr.-Dept., Tit. CCXLI, Bl. 47 und Bl. 56–57.

19 Groschen pro Tag für die Arbeiter lagen, erhielten Tagelöhner in anderen Unternehmen bei einer täglichen Arbeitszeit von 14 Stunden 2 bis 3 Groschen Arbeitslohn. Damit lagen sie noch unter dem Einkommen, das den arbeitslosen Plüschmachern an Wartegeld zugestanden worden war.

Diesem Arbeitseinkommen standen folgende Preise gegenüber:

1 Brot von 1 Pfund und 9 Loth	6 Pfennige
1 Pfund Butter	5 Groschen
1 Mandel Eier	4 Groschen
1 Metze Graupen	5 Groschen
1 Pfund Zucker	6–9 Groschen
1 Scheffel Mohrrüben	4–5 Groschen
1 Schock Weißkohl	5–7 Groschen
1 Scheffel Teltower Rüben	9–12 Groschen
1 Metze Weizenmehl	3 Groschen 6 Pfennige
1 Pfund Fleisch	1 Groschen 6 Pfennige bis 1 Groschen 10 Pfennige
1 Jacke	4 Groschen
1 schlechter Mantel	10–12 Groschen
1 Knabenmantel	6–8 Groschen
Hosen u. Wams (schlecht)	16–18 Groschen
1 Paar Kinderschuhe	3–5 Groschen
1 Paar Männerschuhe	6–16 Groschen
1 Paar Schnürstiefel (gewöhnliche)	1 Thaler 12 Groschen
1 Haufen Eichenholz	5 Thaler
1 Haufen Kienholz	3 Thaler 12 Groschen

Die angegebenen Preise beziehen sich auf Berlin. In anderen Städten lagen die Preise häufig unter dem Berliner Niveau, was dann auch für die Löhne zutraf.[71]

Die Lohnhöhe wurde also im Normalfall nicht von der Marktlage, sondern von dem notwendigen Aufkommen zur Reproduktion der Arbeitskraft bestimmt.[72] Die Marktlage hatte nur dann Einfluß auf die Lohnhöhe, wenn es um die Reduzierung vereinbarter Löhne ging. So beschwerten sich beispielsweise die Weber der Kattunfabrik Sieburg in Berlin bei dem Etats-Minister Bismarck, daß Sieburg ihnen nicht nur Arbeitsmöglichkeiten nehme, sondern ihnen auch einen niedrigeren Lohn zahlen würde. Sie trugen vor: „Der auf dem Rathause niedergeschriebene und zu der Zeit festgesetzte Lohn war vor der Kette 4 rthl. 8 gr. und jetzt will uns der Syburg vor der Kette nur 3 rthl. 18 gr. geben,

---

[71] Zahlenangaben nach: Albert Ballhorn, Das Polizei-Präsidium zu Berlin, Berlin 1852, S. 31 ff.; Luise Bamberger, a. a. O., Anlage 14, S. 455 ff.; Tax-Ordnung vom 17. Martii 1623, in: CCM, V. Theil, II. Abth., X. Cap., No. 5, Spalten 591 ff.

[72] Karl Marx, a. a. O., S. 560 ff.

welches aber nicht angehen kann."[73] Bismarck erteilte den Webern darauf zur Resolution: „... daß da der Sieburg wegen des Mangel des Absazzes, und der gegenwärtigen hohen Preise der Baumwolle, zur Erhöhung des Arbeitslohnes nicht angehalten werden kann, Supplicanten sich deshalb mit ihren Entrepreneur so gut sie können, vergleichen, und bei der Abkürzung des Lohnes, zur Ersezzung dieses Schadens fleißiger als bisher arbeiten, oder bei anderen Concessionirten Fabrikanten mehrere Arbeit suchen müßten."[74]

Schlechte Marktlage und hohe Preise rechtfertigten also nach Auffassung des zuständigen höchsten Staatsbeamten ein einseitiges Abgehen von einmal vereinbarten Vertragsbedingungen; die Arbeiter wurden gezwungen, dieses einseitige Vorgehen zu akzeptieren und zum Gegenstand eines veränderten Arbeitsvertrages zu machen. Anders ist das Verlangen Bismarcks, die Arbeiter mögen sich mit ihrem Entrepreneur vergleichen, nicht zu verstehen. Die weiteren Hinweise des Ministers, die Weber sollten fleißiger sein oder sich weitere Arbeit bei einem anderen Unternehmer suchen, konnten die Weber nur als Hohn auf ihre Lage auffassen.

Eine besondere Form der Ausbeutung bestand darin, den Arbeitslohn nicht in Bargeld, sondern in Viktualien zu zahlen. Der Unternehmer kaufte zu en-gros-Bedingungen Waren ein, die er zu en-detail-Preisen an seine Arbeiter als Lohn weitergab. Einmal war der Preisunterschied schon sein Gewinn, zum anderen wurde der Arbeiter nun völlig von seinem Unternehmer abhängig, der nicht nur Geldvorschüsse gewährte, sondern als Kaufmann auch „anschrieb", und schließlich bestimmte der Unternehmer zuletzt auch noch die Preise, zu denen er die Naturalien gegen den Lohnanspruch verrechnete. Damit konnte er dann eine im Buchwerk nicht nachweisbare Herabsetzung des Reallohnes erreichen. Gellbach ist der Meinung, daß dieses Truck-System im 18. Jahrhundert noch nicht zur Ausbeutung angewandt worden sei.[75] Diese Auffassung ist nicht begründet. Die Geschichte kennt keinen Ausbeuter, der freiwillig auf eine Möglichkeit der Ausbeutung verzichtet hätte. Vielleicht war im 18. Jahrhundert das Truck-System noch nicht soweit durchgebildet und mit so viel Brutalität angewandt wie im 19. Jahrhundert, daß es deshalb in dieser Zeit noch nicht der Ausbeutung diente, kann daraus aber nicht geschlossen werden. Wenn einzelne Unternehmer ihr Streben nach Einführung und Concessionierung des Truck-Systems auch damit begründeten, daß sie ihre Arbeiter besser in Krisenzeiten versorgen könnten, so schließt das – selbst wenn man die Richtigkeit dieser Behauptung zunächst einmal unterstellt – eine Ausbeutung der Arbeiter durch dieses System nicht aus! Im übrigen gibt es nicht erst im 19. Jahrhundert – wie Gellbach meint –[76] Ver-

[73] ZSTA, Dienststelle Merseburg, Gen.-Dir., Fabr.-Dept., Tit. CCLVIII, No. 53, Bl. 104v.

[74] Ebenda, Bl. 112.

[75] Horst Heinrich Gellbach, a. a. O., S. 40 f.

[76] Ebenda, S. 40.

bote der Naturalentlohnung. Im deutschen Raum sind die Truck-Verbote insgesamt sehr viel älter. So ist aus dem Urkundenbuch der Stadt Jena bekannt, daß dort bereits 1437 eine entsprechende Anordnung erging. Auch für den in dieser Arbeit untersuchten Zeitraum in Brandenburg-Preußen lassen sich derartige Rechtsvorschriften nachweisen. Am 16. November 1754 erging vom „Königlich Preußischen Policey-Directorium" eine Verordnung, mit der nicht nur die Bezahlung der Spinner und Arbeiter mit Viktualien anstatt Bargeldes bei Strafe vierwöchentlichen Arrestes verboten wird, hier wird vielmehr auch dargestellt, daß u. a. auch die Bezahlung mit Viktualien anstelle Bargeldes zu gewaltsamen Bedrückungen und Bevorteilungen der Spinner und Arbeiter ausgenutzt wird.[77] Bereits acht Jahre später, am 3. August 1762, mußte diese Verordnung wiederholt werden[78] – schließlich ein Ausdruck dessen, wie wenig sich die Unternehmer an Rechtsnormen, die sie in der Ausbeutung ihrer Arbeiter beschränken konnten, hielten und natürlich auch ein Beweis dafür, daß die Naturalentlohnung auch schon im 18. Jahrhundert zur Ausbeutung der Arbeiter Anwendung fand.

Die Ausbeutung der in den Spinnstuben beschäftigten Arbeitskräfte wurde noch dadurch erleichtert, daß diese häufig nicht unbescholten waren und die Unternehmer nicht zu befürchten brauchten, daß diese Arbeitskräfte etwas gegen sie unternehmen würden. Dem brandenburgisch-preußischen Staat aber waren die Verhältnisse in den Spinnstuben nur allzugut bekannt. Die Spinnstuben wurden deshalb monatlich von einem Polizeimeister aufgesucht. Dieser hatte die Aufgabe festzustellen, welche Arbeiter dort beschäftigt worden sind und wie sie gehalten wurden. Schließlich mußte das Polizeidirektorium die Arbeiter vor den schlimmsten Übervorteilungen durch die Unternehmer schützen.[79]

Zuweilen war Bestandteil des Arbeitsvertrages auch eine Abrede über den Wohnraum, der vom Unternehmer zur Verfügung gestellt wurde. Oftmals wurde dieser Wohnraum „unentgeltlich" zur Verfügung gestellt, diese Mieteinsparung muß dann offensichtlich dem Lohn hinzugerechnet werden.[80]

Bei der Vereinbarung des Lohnes mußten auch gleichzeitig Abzüge Berücksichtigung finden. Sehr wesentlich waren in diesem Zusammenhang Abzüge, die sich aus Vorschüssen anderer, vorheriger Unternehmer notwendig machten. Die Grundlage für diese Abzüge bildeten die entsprechenden Vermerke auf den Erlassungsscheinen, wonach sich der Arbeiter verpflichtete, einen gewissen Teil seines Arbeitslohnes zur Abtragung des erhaltenen Vorschusses zu verwenden und gleichzeitig den Entrepreneur berechtigte, diesen Lohnteil einzubehalten und

---

77 STA Potsdam, Pr. Br., Rep. 30 A Berlin, Polizeidirektorium Tit. 12, Nr. 79, Vol. 1, Bl. 25.

78 Ebenda, Bl. 51v.

79 Albert Ballhorn, a. a. O., S. 112.

80 Insofern auch Übereinstimmung mit Gellbach, a. a. O., S. 38.

an den Gläubiger weiterzuleiten.[81] Für Vorschüsse, die der neue Unternehmer seinem Arbeiter gewährt hatte, gab es ebenfalls die Vereinbarung, einen gewissen Teil des Arbeitslohnes einzubehalten, um so den Vorschuß abzutragen.[82] Auch für andere Zwecke war eine Lohneinbehaltung möglich. So sah beispielsweise § 10 des Kontrakts über die Splittgerbersche Eisen- und Stahlwarenfabrik vor, daß Mietforderungen den Ouvriers vom Lohn abgezogen werden konnten.[83]

Ein hochbedeutsamer Gegenstand des Arbeitsvertrages war die Vereinbarung von Kündigungsfristen. Wenn solche Vereinbarungen auch beide Vertragsseiten banden, dienten sie doch weniger der Sicherheit der Arbeiter vor plötzlichen Kündigungen als vielmehr der Sicherung der Unternehmer, daß sie ihre häufig unter vielen Mühen und hohem finanziellen Aufwand beschafften Arbeitskräfte behielten bzw. sich rechtzeitig um neue umtun konnten. Während die Kündigungsfristen für ausgebildete Arbeiter (Meister, Gesellen und Lehrlinge) häufig gesetzlich geregelt waren, gab es für Hilfsarbeiter derartige Regelungen nicht. In einem Bericht der Magdeburgischen Kammer wird auf eine vierwöchentliche Aufkündigungsfrist für ausgebildete Arbeiter hingewiesen.[84] Ein Vorschlag des Manufactur- und Commerz-Collegiums zielte auf eine 14tägige allgemeine Kündigungsfrist zwischen den Verlegern und Meistern (Hauptarbeitern) ab, gleichzeitig sollte aber den Verlegern das Recht der augenblicklichen Aufsagung bei Betrug und fehlerhafter Arbeit kraft Gesetzes eingeräumt werden.[85] Wegen der Kündigung in den Seiden- und Samt-Fabriken war hinsichtlich der Gesellen verordnet worden, daß diese ihre Arbeit nicht verlassen durften, ehe sie das angefangene Stück gänzlich verfertigt hatten, außerdem hatten sie im Falle eines beabsichtigten Arbeitswechsels aufzukündigen, wenn das Stück, an dem sie arbeiteten, halb fertig war.[86] Artikel XXXI des Reglements für die Gold- und Silber-Etoffes auch Seiden- und Sammet-Fabriquen in Berlin sah zwischen Hauptverlegern und Meistern eine Aufkündigungsfrist von zwei Monaten vor.[87] Was die ausgebildeten Arbeiter anging, gab es also eine ganze Reihe von unterschiedlichen Festlegungen und Vorstellungen. Die Organe des feudalistischen brandenburgisch-preußischen Staates konnten sich aber nicht entschließen, gleiche oder ähnliche Regelungen für die nichtausgebildeten Hilfskräfte und Tagelöhner zu treffen. Entsprechende Vorstellungen der Unternehmer wurden ziemlich summa-

---

[81] Vgl. ZSTA, Dienststelle Merseburg, Gen.-Dir., Fabr.-Dept., Tit. LXXXX, Nr. 16, Bl. 15.

[82] Vgl. ebenda, Bl. 159v.

[83] ZSTA, Dienststelle Merseburg, Gen.-Dir., Fabr.-Dept., Tit. CDXXXIX, No. 11, adhib. 1a, Bl. 41.

[84] ZSTA, Dienststelle Merseburg, Gen.-Dir., Fabr.-Dept., Tit. LXXXX, Nr. 16, Bl. 189 ff.

[85] Ebenda, Bl. 160v–161.

[86] STA Potsdam, Pr. Br., Rep. 30A Berlin, Polizeidirektorium, Tit. 12, No. 79, Vol. 1, Bl. 132.

[87] Ebenda, Bl. 94 v.

risch mit dem Bemerken abgetan, daß die Arbeiten dieser Kräfte leicht erlernbar seien und keine weitere Ausbildung erheischten, was nichts anderes bedeuten konnte, als daß diese Arbeiter leicht austauschbar waren und daß es sich um eine vorübergehende Tätigkeit handeln würde. Der Fabrikant Tietz, zum Beispiel, verlangte eine rechtliche Konsequenz auf die durch die Maschinenarbeit entstehende Arbeitsteilung und Kooperation durch verbindliche Regelung einer 14tägigen Aufkündigungsfrist für Maschinenarbeiter. Tietz' Hauptargument, daß bei der Maschinenarbeit ein Arbeiter von der Vorarbeit eines anderen abhängig sei und sein Beispiel, daß mehrere Arbeiter nicht beschäftigt werden konnten, da andere Arbeitskräfte nicht zur Arbeit erschienen waren, waren nicht dazu angetan, einen Gesinnungswandel beim Gesetzgeber zu erreichen.[88] Tietz wurde vielmehr wie auch andere Unternehmer auf die Möglichkeit entsprechender Vertragsabschlüsse mit den Hilfskräften hingewiesen.[89]

Wie weit Tietz und andere Unternehmer solchen Ratschlägen der brandenburgisch-preußischen Regierungsbürokratie gefolgt sind, war aus den Akten nicht zu erkennen.

3. Arbeitsvertragliche Nebenabreden

Zur weiteren Ausgestaltung der Arbeitsrechtsverhältnisse wurden Vereinbarungen getroffen, die wohl am besten mit dem Begriff „Nebenabreden" gekennzeichnet werden. Es sind durchweg Vereinbarungen, die zwar das Arbeitsrechtsverhältnis präzisierten, ohne die aber ein Arbeitsvertrag auch gültig zustande kam. Hinzu kommt, daß derartige Abreden auch nur mit bestimmten, begrenzten Personengruppen getroffen wurden.

Um ausländische Arbeitskräfte in die brandenburgisch-preußischen Unternehmen ziehen zu können, war es oftmals notwendig, zunächst deren Schulden im Ausland abzudecken, um sie freizubekommen.[90] Derartige Auslösungen gab es auch im Inland, nämlich wenn Arbeitskräfte abgeworben wurden. Um diese Abwerbungen im Rahmen zu halten, griff der brandenburgisch-preußische Staat mit einem Verbot der Auslösungszahlung ein.[91] Wie wenig wirksam ein solches Verbot war, zeigt die Wiederholung desselben bereits nach acht Jahren.[92] Schließlich konnte der abwerbende Unternehmer auch dem abgeworbenen Arbeiter das Geld geben, damit dieser seine Schulden bezahlen und aufkündigen konnte; daß

---

[88] Vgl. ZSTA, Dienststelle Merseburg, Gen.-Dir., Fabr.-Dept., Tit. LXXXX, Nr. 16, Bl. 184–185.

[89] Siehe ebenda, Bl. 186–187.

[90] Kurt Hinze, a. a. O., S. 109 ff.

[91] Vgl. Verordnung vom 16. Nov. 1754 – STA Potsdam, Pr. Br., Rep. 30A Berlin, Polizeidirektorium, Tit. 12, Nr. 79, Vol. 1, Bl. 25.

[92] VO vom 3. August 1762 – ebenda, Bl. 51v.

dieses Geld unter Umständen als verbotener Vorschuß verlorengehen konnte, gehörte dann schließlich zum normalen Geschäftsrisiko eines Unternehmers.

Zu den Nebenabreden gehörten ferner Absprachen über die Zahlung von Vorschüssen. Es gab zwar Verbote, Vorschüsse zu zahlen, da sie aber ein Mittel waren, um sich der notwendigen Arbeitskräfte zu versichern, wurden solche Verbote kaum ernsthaft beachtet.[93] Häufig waren derartige Vorschüsse bezogen auf das Einkommen unverhältnismäßig hoch und im Prinzip eben auf die Bindung an den Entrepreneur gerichtet.[94] Wegen der Rückzahlung der Vorschüsse gab es diverse Rechtsstreite, über die auch die Akten Auskunft geben.[95] Zu den arbeitsvertraglichen Nebenabreden sind sicherlich auch – sofern es sich nicht um bloße Vorverträge handelte – Vereinbarungen über die Übernahme von Reise- und Transportkosten durch die Unternehmer zu zählen. Durch diese Vereinbarungen sind oft erst die Voraussetzungen geschaffen worden, um den Arbeitsvertrag überhaupt zum Tragen kommen zu lassen.[96]

Auch die schon oben einmal erwähnte Beschaffung von Produktionsmitteln auf Kosten des Entrepreneurs und deren leihweise Überlassung zur ausschließlichen Nutzung durch einen Ouvrier gehört in den Kreis der arbeitsvertraglichen Nebenabreden. Diese Frage wurde immer dann interessant, wenn die Produktion nicht in einem Fabrikgebäude zentralisiert durchgeführt, sondern in Hausindustrie organisiert war.

Die für die kapitalistische Produktion des 17. und 18. Jahrhunderts wohl mit bedeutsamsten Nebenabreden zielten auf die Ausbeutung von Spezialkenntnissen und den Geheimnisschutz ab. Bei bestimmten Arbeiten war die Offenbarung von Spezialkenntnissen und Produktionsgeheimnissen offensichtlich Bestandteil des Arbeitsvertrages. Solche Beschäftigten, beispielsweise der Arcanist der Por-

---

[93] Vgl. Rechtsstreit Hovelac ./. Blain vor dem Fabrikengericht; ZSTA, Dienststelle Merseburg, Gen.-Dir., Fabr.-Dept., Tit. DXI, No. 20, Vol. 1, Bl. 33 ff.

[94] Beispielsweise wird von dem Messerschmied und Schaumeister Johann Malsch berichtet, daß er die Neustadt-Eberswaldesche Eisen- und Stahlwarenfabrik heimlich und unter Zurücklassung von 836 rthl. Schulden verlassen habe. Setzt man den in der Porzellanmanufaktur beschäftigten „Metall"-Meister (vgl. Auguste Dorothea Bensch, a. a. O., S. 31), der ein Jahreseinkommen von 500rthl. bezogen hat, als Vergleich daneben, dann müßte Malsch das ungekürzte Einkommen von über anderthalb Jahren aufbringen, um diese Schuld abzutragen. ZSTA, Dienststelle Merseburg, Gen.-Dir., Fabr.-Dept., Tit. CDXXXIX, No. 11, adhib. 2. Bl. 66v, Nr. 50.

[95] Vgl. Sieburg ./. Hesse und Bodener: ZSTA, Dienststelle Merseburg, Gen.-Dir., Fabr.-Dept., Tit. CCLVIII, No. 53, Bl. 50; Hovelac ./. Blain: ZSTA, Dienststelle Merseburg, Gen-Dir., Fabr.-Dept., Tit. DXI, No. 20, Vol. 1, Bl. 33 ff.; Wachtler ./. Ruten: ZSTA, Dienststelle Merseburg, Gen.-Dir., Fabr.-Dept., Tit. LXXXX, Nr. 16, Bl. 223 ff.; Gebr. Hesse ./. Eben, Lüdge ./. Cober, Wöhlerman et Natusch ./. Dieterich: STA Potsdam, Pr. Br., Rep. 30A Berlin, Polizeidirektorium, Tit. 369, Nr. 6, Bl. 8 und 9.

[96] Hinze, a. a. O., S. 110 ff.

zellanmanufaktur, erhielten wegen ihrer Sonderstellung in der Produktion in aller Regel auch diverse Vergünstigungen, zum Beispiel Spitzengehälter.[97] Natürlich waren diese Beschäftigten nicht an einer Weitergabe ihrer besonderen Kenntnisse und Erfahrungen interessiert – es sei denn, die Weitergabe konnte an Familienmitglieder (in der Regel Söhne) erfolgen.[98] Da es in der fraglichen Zeit noch kein Patentwesen gab, um einen wissenschaftlich-technischen Rechtsschutz zu sichern, mußte auf andere Weise der Schutz von Produktionsgeheimnissen gewährleistet werden. Dies geschah durch eine Vereidigung der Arbeitskräfte, die mit solchen Geheimnissen in Berührung kamen. Die Vereidigung erfolgte jedoch nicht durch den Unternehmer, sondern durch dafür zuständige Stellen des Staates. Sollte ein Arbeiter einen solchen Eid brechen, verletzte er nicht nur den Arbeitsvertrag, was gegebenenfalls zu Schadensersatzforderungen führen konnte, sondern er verletzte strafrechtliche Bestimmungen und wurde dafür vom Staate ex officio zur Rechenschaft gezogen. Die Vereidigung der Arbeiter erfolgte nicht nur mit dem Ziel, die Produktionsgeheimnisse zu schützen und so Unternehmer und Staat vor unliebsamer Konkurrenz zu bewahren, sie diente gleichzeitig dazu, sich der Arbeitskräfte zu versichern und sie durch moralische Bedrohung (Eidesbruch) und rechtlichen Zwang am Fortziehen zu hindern. Hinze bringt dafür überzeugende Beispiele.[99]

4. Lehrverträge und Kinderarbeit

Besonders wichtig für den Fortbestand kapitalistischer Unternehmen war es auch, für einen ausreichend qualifizierten Arbeiternachwuchs zu sorgen. Im Prinzip gab es für die Lehrlingsausbildung in Brandenburg-Preußen zwei Wege. Einmal gab es die traditionelle Lehrlingsausbildung bei einem zu einem Gewerk gehörenden Meister, zum anderen gab es aber auch schon eine Lehrlingsausbildung in den kapitalistischen Produktionsbetrieben.[100] Während die traditionelle Ausbildung vom Lehrling (bzw. dessen Eltern) bezahlt werden mußte (Lehrgeld), bildeten einige Betriebe Lehrlinge kostenlos aus; in einigen Betrieben erhielten die Lehrlinge sogar eine Bezahlung.[101] Unabhängig von den finanziellen Verhält-

[97] Der Arcanist der Berliner Porzellanmanufaktur erhielt 1 200 rthl. Gehalt im Jahr, etwa das 8–10fache des Jahreseinkommens eines Arbeiters in der unmittelbaren Produktion. Vgl. hierzu: Auguste Dorothea Bensch, a. a. O., S. 31.

[98] Allerdings gab es auch eine ganze Anzahl ausländischer Arbeitskräfte, die scheinbar nur zu dem Zwecke ins Land geholt wurden, ihre Kenntnisse und Erfahrungen an inländische Arbeiter weiterzugeben. Auch erhielten sie als Spezialarbeiter besondere Vergünstigungen. Vgl. zum Problem der Unterrichtung einheimischer Arbeiter auch: Johann Heinrich Gottlob von Justi, Vollständige Abhandlung ..., a. a. O., S. 76 f.

[99] Hinze, a. a. O., S. 206 f.; vgl. auch Anlage 5.

[100] Derselbe, a. a. O., S. 187 ff.

[101] Vgl. ebenda; siehe aber auch: Auguste Dorothea Bensch, a. a. O., S. 31.

nissen, unter denen die Ausbildung vollzogen wurde, war in jedem Fall ein „Lehrcontract" die rechtliche Grundlage für das Lehrverhältnis. Dieser Lehrvertrag kam einem speziellen Arbeitsvertrag gleich. Über das Ziel des Erlernens eines bestimmten Berufes oder einer Tätigkeit hinaus war er schließlich auf den Verkauf bzw. Kauf der Arbeitskraft des jungen auszubildenden Menschen gerichtet. Dafür spricht einmal die in bezug auf die zu vermittelnden Kenntnisse unverhältnismäßig lange Lehrzeit. Zum anderen waren die Lehrlinge unmittelbar an der Produktion beteiligt.[102] Die Bezahlung von Lehrgeld war in diesem Sinne doppelte Ausbeutung. Einige Lehrverträge waren so ausgestaltet, daß die Bezahlung des Lehrgeldes erst nach Beendigung der Lehrzeit fällig wurde. Der Geselle mußte in diesen Fällen so lange beim ausbildenden Meister bleiben, bis er das Lehrgeld abgetragen hatte.

Für die Lehrkontrakte war eine Aufhebung nicht vorgesehen. Lehrlinge, die ihren Meister vor Ablauf der Lehrzeit verließen, wurden mit empfindlichen Strafen bedroht.[103] Mit dieser Strafandrohung sicherte der brandenburgisch-preußische Staat einerseits einen qualifizierten Arbeiternachwuchs, andererseits wurde den Meistern damit rechtlich die langfristige Ausbeutung der Lehrlinge gesichert. Daß es bei der Lehrlingsbeschäftigung in der Hauptsache um die Ausbeutung billiger Arbeitskräfte ging, wird von Krüger sehr anschaulich anhand eines Protokolls vom 18. Mai 1783 demonstriert.[104] Hier wurden in Cattun-Druckereien Lehrlinge eingestellt und dafür Gesellen entlassen. Lehrlinge waren nicht nur billigere Arbeitskräfte, sie ließen sich zudem auch leichter und besser ausbeuten als das bei Erwachsenen möglich gewesen wäre. Die verstärkte Lehrlingsausbildung stellte demnach nichts weiter als eine Unterform der damals üblichen Kinderarbeit dar. Allerdings hatten die Lehrlinge den Vorteil, daß sie am Ende der Lehrzeit einen Beruf hatten und „zu kunstmäßiger Arbeit" berechtigt waren, was ihnen immerhin den Nutzen brachte, von einigen rechtlichen Regelungen erfaßt zu sein, die gegenüber dem Rechtsstatus der Tagelöhner und sonstigen Hilfsarbeiter doch eine Besserstellung bedeuteten. In aller Regel hieß das vor allen Dingen – Abschluß eines ordentlichen längerfristigen Arbeitsvertrages und damit größere materielle Sicherheit.

Neben den Lehrjungen hat es mit Sicherheit eine Vielzahl von Kindern gegeben, die unmittelbar an der Produktion beteiligt waren, ohne daß für sie die Aussicht bestand, einen Beruf zu erlernen. So berichtete der Teltower Magistrat, daß es nicht an Garnen mangele, da „hier die Kinder weiblichen Geschlechts, alte Frauen und Dienstmägde mehr Garn spinnen, als das gantze Gewerk der

---

[102] Horst Krüger, a. a. O., S. 306 und Jürgen Kuczynski, Die Geschichte der Lage der Arbeiter unter dem Kapitalismus, Teil I, Band 19, S. 56 f., aber auch Kurt Hinze, a. a. O., S. 187 ff. und Auguste Dorothea Bensch, a. a. O., S. 31.

[103] Edikt vom 19. Juli 1690 in: CCM, V. Theil, II. Abth., No. IV, Spalten 441–446.

[104] Horst Krüger, a. a. O., S. 564 f.

Lein- und Zwillichweber, ..., jährlich verweben und verarbeiten kann ..."[105] Die Kinder wurden mit leicht zu erlernenden Tätigkeiten beschäftigt. Abgesehen davon, daß die Kinder für den Bruchteil eines Erwachsenenlohnes arbeiten mußten und zudem für verschiedene Arbeiten, die ein hohes Geschick verlangten, auch noch besser zu gebrauchen waren als die Erwachsenen, hatte diese Kinderarbeit auch noch den Vorteil für die Unternehmer, daß ein Arbeiternachwuchs heranwuchs, der an die Gepflogenheiten des kapitalistischen Produktionsbetriebes gewohnt war und eine mehrfach höhere Arbeitsproduktivität versprach, als das mit angelernten Erwachsenen zu erreichen möglich gewesen wäre.[106] Auch diese Kinderarbeit war eine vertragliche. Allerdings traten die Kinder selbstverständlich nicht selbst als Eigentümer ihrer Arbeitskraft auf, um sie an einen Unternehmer zu verkaufen. Vielmehr zwangen bitterste Not und Elend die Eltern, die Arbeitskraft – und damit allzuoft auch Gesundheit und Wohlergehen – ihrer Kinder zu verkaufen. Es wurden also keine Verträge mit den Kindern, sondern solche über die Kinder abgeschlossen. Aber auch der brandenburgisch-preußische Staat trat als Verkäufer kindlicher Arbeitskraft auf, indem er die Insassen der Waisenhäuser kapitalistischen Unternehmern zur Ausbeutung zur Verfügung stellte – ob in der Form der verlängerten Berufsausbildung oder in der Form der direkten Produktionsteilnahme ohne Ausbildung ist dabei von sekundärer Bedeutung.[107]

IV. Die Rechtsstellung und rechtliche Behandlung der Arbeiterschaft in den kapitalistischen Produktionseinrichtungen

1. Die Gestaltung der innerbetrieblichen Organisation

Während die Bedingungen, unter denen die Arbeiter ihre Tätigkeit in dem Betrieb aufnehmen wollten und unter denen diese Tätigkeit beendet werden konnte, juristisch frei vereinbart wurden, war eine solche Vereinbarung über die Bedingungen, unter denen die Arbeit tatsächlich auszuüben war, ausgeschlossen. Die Arbeiter fanden in den Produktionseinrichtungen einen bestimmten technischen Ausrüstungsstandard ebenso vor wie eine bestimmte Organisation der Arbeit. Mit Abschluß des Arbeitsvertrages war ihnen automatisch ein bestimm-

[105] STA Potsdam, Pr. Br., Rep. 19, Steuerrat Potsdam, Generalia IIA, No. 3, Vol. 1 (185), S. 279.

[106] Karl Marx, a. a. O., S. 785 ff., siehe auch Kurt Hinze, a. a. O., S. 187.

[107] Jürgen Kuczynski, a. a. O., S. 26 ff. Zur sozialen Lage der arbeitenden Kinder vgl. Ruth Hoppe, Dokumente zur Geschichte der Lage des arbeitenden Kindes in Deutschland von 1700 bis zur Gegenwart, in: Jürgen Kuczynski, Die Geschichte der Lage der Arbeiter unter dem Kapitalismus, Teil I, Band 20, S. 33 und 40 f.

ter Platz in der betrieblichen Hierarchie zugewiesen. Sie hatten Vorgesetzte und unter Umständen Untergebene, sie erhielten Weisungen und konnten unter Umständen solche erteilen. Besonders stark war das natürlich in den zentralisierten Produktionseinrichtungen ausgeprägt.[108]

Mit dem Eintritt in diese besondere Betriebshierarchie erwuchsen den Arbeitern von vornherein bestimmte Rechte und Pflichten, die sich zunächst auf die Organisation und Durchführung der Produktion bezogen, also durchaus arbeitsrechtlicher Natur waren. Während die einfachen Arbeiter im wesentlichen nur das Recht hatten, für den Unternehmer auf der Basis des einmal abgeschlossenen Vertrages zu arbeiten, hatten sie andererseits aber auch die Grundpflicht, diese Arbeit für den Unternehmer zu verrichten, dabei waren sie diesem zu Gehorsam verpflichtet, eine Verpflichtung, die auf der Basis der kapitalistischen Produktionsgepflogenheiten sehr schnell auch auf übrige Vorgesetzte ausgedehnt wurde. Sie waren ferner gehalten, die staatlichen Gütevorschriften einzuhalten. Zu diesen Fragen gab es zwischen Entrepreneur und Ouvrier nie eine vertragliche Abstimmung. Auch zum Problem der Arbeitszeit gab es vertragliche Abreden weder hinsichtlich der Länge noch der konkreten Gestaltung. Der Arbeitstag lag gewöhnlich zwischen zwölf und sechzehn Stunden; die Arbeitszeit wurde vom Unternehmer willkürlich entsprechend seinen Notwendigkeiten festgelegt. In einer Reihe von Betrieben wurde die Arbeitszeit so bis an die physische und moralische Grenze ausgedehnt.[109] Es gab weder Bestimmungen über den Gesundheits- und Arbeitsschutz noch andere Schutzvorschriften zugunsten der Arbeiter. Sie mußten erst in den späteren Klassenauseinandersetzungen zwischen der Arbeiterklasse und der Bourgeoisie erkämpft werden. Lediglich über die Wahl des Kapitalisten bei Vertragsabschluß konnte der Arbeiter auch auf seine konkreten Arbeitsbedingungen Einfluß nehmen, hatte er erst einmal den Arbeitsvertrag abgeschlossen, konnte er gegen eine spätere Veränderung der Bedingungen nichts unternehmen, es sei denn, er machte von seinem Kündigungsrecht Gebrauch. Ja es konnte ja nicht einmal die Veränderung vertraglich vereinbarter Bedingungen – wie oben bei der Frage der Löhne nachgewiesen – wirksam durch die Arbeiter unterbunden werden.

Besonders schlechte Bedingungen fanden ohne Zweifel die Spinnerinnen in den Berliner Spinnstuben vor. Ihre Unterdrückung war besonders groß, so groß, daß selbst der brandenburgisch-preußische Staat Verordnungen zu ihrem Schutze erließ.[110] Sie gehörten mit Sicherheit zu den Ärmsten der Armen. Sie suchten

---

108 Krüger, a. a. O., S. 290 ff.

109 Vgl. die sehr ausführlichen Darstellungen zu diesem Problem bei Horst Krüger, a. a. O., S. 295 ff.

110 Verordnung des Königl. Preußl. Policey-Directoriums vom 16. November 1754 in: STA Potsdam, Pr. Br., Rep. 30A, Berlin, Polizeidirektorium, Allgemeine Dienstangelegenheiten, Tit. 12, Nr. 79, Bl. 25 und Verordnung vom 3ten August 1762, ebenda, Bl. 51v; siehe auch Anlagen 6 und 7.

oftmals in der Bettelei und in der Prostitution einen Ausweg. Das aber war dann der Anfang ihres völligen Unterganges. Kuczynski berichtet über eine Polizeiverordnung, die „Spinner des Abends und Nachts nicht aus der Spinnerey zu laßen".[111] Die genannte Polizeiverordnung hatte wegen des vermutlich erheblichen Ausmaßes der Prostitution unter den Berliner Spinnerinnen zunächst und in erster Linie eine sozialhygienische Funktion. Es ging um die Eindämmung von Geschlechtskrankheiten. Ob sich allerdings die Spinnereibesitzer an diese Polizeiverordnung hielten oder im Gegensatz zu ihr die Prostitution ihrer weiblichen Beschäftigten duldeten, förderten oder gar ausnutzten, läßt sich heute mit letzter Sicherheit nicht mehr feststellen. Dennoch bleibt die nicht uninteressante Frage, welcher Art das Produktionsverhältnis der Berliner Spinnerinnen war. Zunächst ist festzustellen, daß die Mädchen vom Lande, die in den Spinnstuben arbeiteten, zum Spinnhalter in keinem Hörigkeitsverhältnis standen. Sie waren also – im Gegensatz zu den Leibeigenen – persönlich frei! Diese juristische Freiheit schließlich setzte sie erst in die Lage, mit dem Spinnhalter einen Vertrag über den Verkauf ihrer Arbeitskraft abzuschließen. Sie erhielten für ihre Arbeit Lohn (ob in Viktualien oder Geld ist für die Behandlung dieser Frage unbedeutend). Wie viele andere Arbeiter auch erhielten sie Vorschüsse, gerieten dadurch in Abhängigkeit, andere Spinnhalter bezahlten ihre Schulden und ermöglichten ihnen so den Wechsel des Ausbeuters. Ihre persönliche Freizügigkeit war im übrigen wie die eines jeden anderen Arbeiters, der Schulden bei seinem Unternehmer hatte oder mit ihm in Vertrag stand, eingeschränkt.[112] In wesentlichen tatsächlichen und juristischen Verhältnissen stimmten also die Produktionsverhältnisse der Spinnerinnen mit denen anderer in kapitalistischen Unternehmungen beschäftigten Arbeiter überein. Daran ändert auch die Tatsache nichts, daß die Spinnerinnen ihre Arbeit unter besonders bedrückenden Verhältnissen verrichten mußten. Schließlich trat zu der persönlichen Freiheit der Spinnerinnen ihre Freiheit von jeglichem Produktionsmitteleigentum hinzu. Sie waren also echte doppelt freie Lohnarbeiter.[113] Es ist ganz sicher nicht der Prototyp des kapitalistischen Produktionsverhältnisses, letztlich darf aber eben bei der Betrachtung der Gesamtproblematik nicht übersehen werden, daß gerade in dieser Übergangszeit zwischen Feudalismus und Kapitalismus rechtliche, soziale und ökonomische Verhältnisse existierten, die entweder noch feudal mit kapitalistischem Einschlag oder schon kapitalistisch mit feudalem Einschlag waren. Dieses Problem stellt sich bei der Betrachtung einer Vielzahl von Rechtsnormen und Beschreibungen realer Verhältnisse. Den Ausschlag aber müssen die grundsätzlichen Zusammenhänge geben;

---

[111] Jürgen Kuczynski, Die Geschichte der Lage der Arbeiter unter dem Kapitalismus, Teil I, Band 18, Berlin 1963, S. 40 und 41.

[112] Vgl. die Angelegenheit des aus der Neustadt-Eberswaldeschen Eisen- und Stahlwarenfabrik abgezogenen Schalenschneidemeisters Christoph Wagener in: ZSTA, Dienststelle Merseburg, Gen.-Dir., Fabr.-Dept., Tit. CDXXXIX, No. 11, adhib. 4, Bl. 18 f.

[113] Karl Marx, a. a. O., S. 181 ff.

also wird man davon auszugehen haben, daß die Produktionsverhältnisse der Berliner Spinnerinnen sehr wohl solche kapitalistischer Art waren.[114]

Die Größe der Produktionseinrichtungen, die Art und Weise der Arbeitsteilung in ihnen und die Notwendigkeit einer neuen Art der Disziplin machte auch eine Regelung über die Freistellung von der Arbeit erforderlich. Von einem bezahlten Erholungsurlaub freilich war man weit entfernt; auch er war erst das Ergebnis späterer Klassenauseinandersetzungen. 1783 wurden jedoch in der Berliner Porzellanmanufaktur Urlaubsscheine eingeführt. Freistellungen für ein bis zwei Stunden durften die Vorgesetzten genehmigen – allerdings für ein und denselben Arbeiter nicht zu häufig. Wollte der Werktätige einen längeren Urlaub haben, bedurfte das eines schriftlichen Antrags und der Genehmigung durch den König.[115]

2. Das Aufsichts- und Jurisdiktionsrecht des Unternehmers

Abgesehen davon, daß die Unternehmer einfach ausgehend von ihrer auf ihrem Eigentum an den Produktionsmitteln begründeten ökonomischen Macht in der Lage waren, über ihre Arbeiter und deren Arbeit die tatsächliche Aufsicht auszuüben, waren sie dazu auch durch entsprechende Rechtsvorschriften befugt und verpflichtet. Sowohl in den einzelnen Privilegien als auch in den später zwischen dem Staat und den Unternehmern abgeschlossenen Verträgen gab es Bestimmungen über die Befugnisse, die der jeweilige Unternehmer in bezug auf seine Arbeiter hatte. Modell für diese Bestimmungen waren offensichtlich die Verhältnisse, die zwischen den Gutsherren und ihren Untertanen herrschten sowie die Bestimmungen des Gesinderechts. So gab es abgestuft für die einzelnen Unternehmer die Jurisdictio domestica aber auch die Übertragung der gesamten niederen Gerichtsbarkeit bis hin zur Gründung von Fabrik-Sondergerichten.

Am 8. März 1699 erschien ein „Patent, wegen der Bosenischen Gold- und Silber-Manufactur, derselben verliehenen Jurisdictionis domesticae".[116] Nach diesem Patent durften die Gebrüder Bosen untreue und ungehorsame Arbeiter entlassen und anvertraute Arbeit und Werkzeug wegnehmen lassen. Damit hatten

---

114 Anderer Auffassung: Jürgen Kuczynski, a. a. O., er schreibt: „Die lange Fußnote, in der mitgeteilt wird, daß die Spinnerinnen gewissermaßen Tag und Nacht in den Spinnereien verbringen müssen – von dem Spinnhalter angeordnet, von der Polizei verordnet – wirft ein grelles Licht auf ihr Produktionsverhältnis. Es zeigt, wie unsinnig es wäre, diesen armen Gefangenen ihrer Unternehmer irgendein „kapitalistisches Arbeitsverhältnis" anzudichten. Ihre einzige Freiheit war, sich gegen eine Polizeiverordnung aus der Spinnerei zu schleichen und sich so einer Polizeistrafe und einer venerischen Krankheit auszusetzen. Bei aller Beschränktheit der Freiheit des kapitalistischen Arbeiters – so kümmerlich war sie wirklich nicht."

115 Auguste Dorothea Bensch, a. a. O., S. 103.

116 CCM, V. Theil, II. Abth., V. Cap. No. IX, Spalten 453/454.

diese Unternehmer quasi einen Freibrief erhalten, ihre ökonomische Macht rücksichtslos rechtlich gegen unliebsame Arbeiter anwenden zu können.

Im „Contract zwischen des Königl. General-Direktorii 5ten Departement und dem ... Kaufmann David Splitgerber" vom 2. Februar 1753 wurde das Problem der Jurisdiktion wie folgt geregelt: „25. Sämtliche Ouvriers und Fabricanten stehen zwar als Mit-Bürger, besonders in allen Policey Sachen unter der Jurisdiction des Magistrats zu Neustadt Eberswalde, jedoch bleibt die cognition und Entscheidung kleiner Händel, Schlägereien und Injurien unter denen Fabricanten selbst, auch in Wiedersetzlichkeit wieder den Entrepreneur, dem Entrepreneur vorbehalten, und soll der Magistrat schuldig seyn, auf gehörige Sequisition ihm allenfalls mit der nötigen Execution jedesmahl prompt an Hand zu gehen."[117] Hierdurch wurde dem Entrepreneur also auch die Rechtsprechung über kleinere Strafdelikte übertragen, deren Entscheidung an sich immer eine Domäne des Staates bzw. der adligen Gutsherren war. Besonders interessant ist in diesem Zusammenhang, daß dem Entrepreneur Rechte übertragen wurden, die über die Gestaltung und Organisierung der Arbeit weit hinausgingen. Praktisch wurden die Arbeiter der Splittgerberschen Fabrik als eine Art Untertanen des Entrepreneurs angesehen. Waren seine Arbeiter in Rechtsstreite verstrickt, in denen er nicht zuständig war, hatte der Entrepreneur sogar das Recht, im Gericht zu erscheinen und „fürnehmlich in fabriquen Sachen doch ohne Caracter Sitz und Stimme im Raths Collegio zu nehmen."[118]

Das Disziplinarrecht des Unternehmers und die Gehorsamspflicht aller Beschäftigten wird in dem genannten Vertrag ausdrücklich betont. Es wurde festgelegt: „27. Damit auch alles bey der Fabrique in guter Ordnung gehalten werden könne; so sollen bey der Übergabe sämtliche Bediente, Schau Meister und Fabricanten zum schuldigen Gehorsam, gegen den Entrepreneur oder deßen Gevollmächtigten, angewiesen, und disen völlige Freyheit gelassen werden, alle wieder Pflicht handelnde, Untüchtige schlechte und liederliche Arbeiter, wenn si nicht zu corrigiren sind, ohne Anfrage zu dimittiren, Er muß aber dagegen nach seinem Gutfinden, ohne daß ihn jemand von Bedienten oder Arbeitern aufgezwungen werde, andere auf seine eigenen Kosten wieder herbeyschaffen."[119] Der Entrepreneur war also rechtlich in seiner Macht gegenüber den bei ihm beschäftigten Arbeitern nicht eingeschränkt, die einzige Schranke, die ihm gesetzt war, waren die Kosten für die Herbeischaffung neuer Arbeitskräfte. Als neun Monate nach dem Vertragsabschluß der Bürgermeister Palm vom König beauftragt wurde, die „Cognition der unter den fabricanten sich ereignenden kleinen Streitigkeiten und Händel" wahrzunehmen und für deren „privative" Beilegung zu sorgen, was im „factorey Hause" im Beisein des Entrepreneurs zu geschehen hatte, wurde

117 ZSTA, Dienststelle Merseburg, Gen.-Dir., Fabr.-Dept., Tit. CDXXXIX, Do. 11, adhib. 1a, Bl. 43v.

118 Ebenda, Bl. 43v–44.

119 Ebenda.

gleichzeitig entschieden, daß „in Ansehung der übrigen Jurisdiction aber alles dergestalt verbleiben soll als der 26te Article des Entrepreneur contracts disponiert".[120] Daß es sich bei dem Entlassungsrecht des Entrepreneurs nicht nur um eine auf dem Papier stehende Möglichkeit handelte, zeigt die „Specification derer Ouvriers welche bey der Neustadt Eberswaldeschen Stahl und Eisen Waaren Fabrique seit deren Übergabe de 1753 bis ult. Juny 1780 wieder abgegangen und mit anderen ersetzt sind." Immerhin sind in dem fraglichen Zeitraum elf Arbeiter wegen angeblich schlechter Arbeit, liederlicher Lebensart und Widersetzlichkeiten aus der Fabrik entlassen worden, acht weitere Arbeiter sind „krafft Sentenz Eines hohen General-Directorii, als rebellen von der Fabrique verabschiedet worden".[121]

Hassenstein berichtet hinsichtlich der Gewehrfabrik in Spandau von folgender Festlegung vom 31. 3. 1722: „14. Hinsichtlich ihrer Fabriktätigkeit aber unterstehen sie (die Arbeiter – H.-P. Z.) der Strafgewalt der Unternehmer, die das Recht haben sie anzunehmen und zu entlassen."[122] Die Konzession für den Unternehmer Thomas de Vins besagte zu diesen Problem: „Dem Entrepreneur stehet nach Befinden der Umstände frei, die dortige Zeugmacher, sie mögen bereits etabliret sein oder noch angesetzt werden, wenn sie ihr Metier nicht verstehen, die Arbeit vorsätzlich negligiren oder verderben, Meutereien, Aufwiegeleien oder Betrügereien begehen, Aufläufe oder Rebellionen erregen, sobald sie des bei einer von dem Justizamt Zinna anzustellenden summarischen Untersuchung überführet werden, zu dimittiren".[123] Eine noch weiter gehendere Jurisdiktion ist der Porzellanmanufaktur verliehen worden; hier wurde ein Sondergericht geschaffen, das grundsätzlich alle Rechtsstreite, in die Beschäftigte der Manufaktur oder deren Familienangehörige verwickelt waren, zu klären hatte. Dazu ist allerdings ein besonderer rechtskundiger Justitiarius verordnet worden, dem ab 1774 zwei Gerichtsschöppen beigegeben wurden. Das Porzellan-Manufaktur-Gericht konnte aber seine Sprüche auch nur in Übereinstimmung mit dem Direktor der Manufaktur fällen und war insoweit doch schon weisungsgebundenes Werkzeug. Das Porzellan-Manufaktur-Gericht war auch dann zuständig, wenn ein Arbeiter aus der Manufaktur etwas entwendete. Der Justitiarius, der die Aufgabe hatte, jeglichen Schaden von der Manufaktur abzuwenden, wurde so praktisch zu einem Richter in eigener Sache.[124] In dieser königlichen Manufaktur wird die Anlehnung an die feudale gutsherrliche Gerichtsbarkeit besonders

---

[120] Ebenda, Bl. 118v.

[121] ZSTA, Dienststelle Merseburg, Gen.-Dir., Fabr.-Dept., Tit. CDXXXIX, No. 11, adhib. 2, Bl. 65 ff.

[122] Wilhelm Hassenstein, a. a. O., S. 30.

[123] Zitiert nach: Luise Bamberger, a. a. O., S. 453–455.

[124] Vgl. Revidirte und erweiterte Instruction für den Justitiarum der Königlichen Porcellain-Manufactur in Berlin, ... NCC, Verordnungen von 1771, No. 65, Spalte 345 ff.

deutlich. In den Patrimonial-Gerichten der adligen Güter waren um 1780 bis 1800 ebenfalls Justitiare als Richter eingesetzt.[125] Auch sie urteilten in eigener Sache. Dieses Recht, umfassend in eigener Sache zu urteilen, blieb offensichtlich dem Adel vorbehalten.[126] Ein gewisser Abglanz von diesem Recht wurde aber – wie oben gezeigt – auch den Unternehmern zuteil. Obwohl sie daraus bereits enorme rechtliche und tatsächliche Vorteile ziehen konnten, waren die Unternehmer damit noch nicht zufrieden, wie Bemühungen der Neustadt-Eberswaldeschen Eisen- und Stahlwarenfabrik Splittgerber, die völlige Jurisdiktion über ihre Beschäftigten zu erlangen, zeigen.[127] Natürlich bemühten sich die Unternehmer nicht aus Sympathie zum Recht und zur Gerechtigkeit um die volle Jurisdiktion über ihre Arbeiter, sondern um optimale Bedingungen für eine möglichst grenzenlose Ausbeutung zu schaffen. Gleichzeitig mit der Verleihung der Jurisdiktionsrechte oder anderer Rechtsvorteile gegenüber ihren Arbeitern wurden die Entrepreneurs häufig von der ordentlichen Gerichtsbarkeit ausgenommen. Auch hier zeigt sich deutlich eine Anlehnung an feudale Gebräuche und eine Ähnlichstellung der Entrepreneurs mit den Angehörigen des Adels. Hinsichtlich der Klagen gegen die Gebrüder Bosen entschieden die „Geheimen-Hof-Cammer-Gerichts und Ambts-Cammer-Räthe auch Ravensbergische Appellations-Gerichts-Direktoren von Berchen und von Heugel",[128] Klagen gegen Splittgerber mit Einschluß der Splittgerberschen „Domestiquen" entschied das Königliche General-Direktorium[129], Thomas de Vins war „sowohl in Ansehung seiner Person als des Betriebes der Fabrik, was die Gerichtsbarkeit in personalibus anlanget, sonst niemand als dem Cammergericht, der Kurmärkischen Kammer und denen diesen Gerichtshöfen vorgesetzten höheren Collegis, in realibus aber der Grund-Obrigkeit des Ortes unterworfen."[130] Neben der durch die Rechtsprechungsbefugnis der Unternehmer gekennzeichneten Seite der konkreten Arbeitsbedingungen fand der Arbeiter in dem Unternehmen weitere, ebenfalls seiner besseren größtmöglichen Ausbeutung dienende vor. Dazu gehörte beispielsweise auch die sogenannte Schau. In den Innungen und Gewerken wurde die Schau von besonders vereidigten Meistern als eine Maßnahme der Selbstkontrolle mit dem Ziel der Qualitätssicherung der Erzeugnisse des Gewerkes durchgeführt. Auch in den Manufakturen gab es eine solche Qualitätskontrolle. Sie wurde jedoch nicht oder zumindest nicht immer von einer staatlichen Einrichtung durchgeführt. In der Hand des Unternehmers aber war die Schau ein Mittel, um

[125] Vgl. hierzu ZSTA, Dienststelle Merseburg, Rep. 9, Allgemeine Verwaltung, K Lit. C, Fasc. 7.

[126] Vgl. ZSTA, Dienststelle Merseburg, Gen.-Dir., Fabr.-Dept., Tit. DXI, Nr. 1.

[127] Siehe ebenda.

[128] Vgl. CCM, V. Theil, II. Abth., V. Cap., No. IX.

[129] Art. 24 des Entrepreneur-Contracts in: ZSTA, Dienststelle Merseburg, Gen.-Dir., Fabr.-Dept., Tit. CDXXXIX, No. 11, adhib. 1a, Bl. 43v.

[130] Zitiert nach Luise Bamberger, a. a. O., S. 453–455.

die Arbeiter um Teile ihres schwer verdienten Arbeitslohnes zu bringen. In den Akten findet sich ein Hinweis, wie durch einen bestechlichen Schaumeister zugunsten des Entrepreneur Splittgerber die Erzeugnisse eines Meisters Abraham Rosenkam schlechter eingeschätzt wurden, als sie es wirklich waren. Dadurch hatte Rosenkam einen Verlust von 1 Rthl. und 11 gr.[131] Solche Schauergebnisse führten nicht nur zu einem finanziellen Verlust des Betroffenen, sondern sie konnten u. U. der Ausgangspunkt für eine Entlassung wegen schlechter Arbeit sein. Auch von der Porzellanmanufaktur sind Lohnkürzungen wegen schlechter Arbeit bekannt.[132] Wenn derartige Maßnahmen zwar durchaus geeignet sein mochten, die Qualität der Erzeugnisse zu sichern, so konnten sie aber auch zur ökonomischen Knebelung der Arbeiter benutzt werden. Eine weitere Variante der Unternehmer, die Arbeiter unter Druck zu setzen, war die Verhängung von Geldstrafen. In der Berliner Porzellanmanufaktur wurden die Verstöße gegen die Ordnung im Verlaufe eines Monats notiert und dann am Ende desselben angezeigt und bestraft. Bestraft wurden auf diese Weise zum Beispiel das Zuspätkommen und auch das Herumschicken von Lehrlingen, was immerhin 1 Taler kostete. Auch als der Maler Jucht am 27. Juli 1778 den Verbleib von 9 Golddukaten nicht nachweisen konnte, mußte er neben dem Ersatz des Schadens noch eine Geldstrafe tragen. Auch andere Disziplinverstöße wurden mit Geldstrafen geahndet. Und damit diese Regelungen auch wirksam werden konnten und von vornherein ein etwaiges Zusammengehen von Vorgesetzten und Untergebenen in der Manufaktur unterbunden wurde, erhielten Vorarbeiter, Aufseher und andere leitende Angestellte, z. B. wenn sie verspätete Arbeiter anzeigten, zwei Taler von dem Strafgeld ausgezahlt. Lehrlinge wurden körperlich gezüchtigt.[133]

Aus der Beschwerde der Deputierten des Messerschmiedegewerkes gegen Mißstände und Mißbräuche in der Neustadt-Eberswaldeschen Eisen- und Stahlwarenfabrik des Entrepreneurs Splittgerber vom 13. August 1780 ergibt sich ein weiteres Beispiel für derartige in den Fabriken verhängte Strafen. Es heißt dort: „Es ist dem Gewerck vor 2. Jahren ein Befehl publiziert worden, daß derjenige, welcher nicht an dem ihm angewiesenen Tage zur Schau kommt, davon nichts als Krankheit dispensirt, welche jedoch 3. Tage vorher einem Comtoir-Bedienten angezeiget werden müsse, in 6gr. Strafe verfallen sein soll. Wann es nun eine bloße Unmöglichkeit ist, allemal an dem bestimmten Tage Schau halten zu können; dann wann ein Meister, Geselle, Frau oder ein Gewercks-Gehülfe, als Schalenschneider, Schleifer und dergl. krank werden; so steht der ganze Fortgang der Arbeit still, oder es wird eines dieser Personen den Tag vorher krank, wie kann ich solches 3. Tage vorher sehen? und zu diesem Unglück noch Strafe lei-

---

131 ZSTA, Dienststelle Merseburg, Gen.-Dir., Fabr.-Dept., Tit. CDXXXIX, No. 11, adhib. 1, Bl. 44.

132 Auguste Dorothea Bensch, a. a. O., S. 48 f.

133 Ebenda, S. 106.

den ..."[134] Die Willkür einer solchen Strafe kann besser kaum gekennzeichnet werden. Die Unternehmer verstanden es aber auch, die äußeren Bedingungen so zu gestalten, daß diese ihren Ausbeutungsinteressen weitgehendst dienten. Dazu gehörte beispielsweise die Gestaltung der Wohnbedingungen. Teilweise konnten die Arbeiter unmittelbar in der Fabrik oder Manufaktur wohnen, wo das nicht zu realisieren war, versuchte man, die Arbeiter möglichst nahe an der Fabrik unterzubringen, um den Tag voll zur Ausbeutung der Arbeitskraft nutzen zu können und die Zeit nicht mit langen Wegen zu „vergeuden". Wo auch das nicht möglich war, schuf man entsprechende Siedlungen für die Arbeiterschaft, um sie an einer Stelle zu konzentrieren. Die Unternehmer verfolgten damit die Absicht, die Arbeiter auch nach der Arbeitszeit unter Kontrolle zu halten. Das wiederum hatte den Zweck, Arbeitsausfälle durch Alkoholmißbrauch und Schlägereien zu verhindern, es sollte dadurch aber auch gleichzeitig das heimliche Verlassen der Fabrik unterbunden werden. Besonders kraß waren, wie oben gezeigt, die Verhältnisse in den Berliner Spinnstuben.

Der Abschluß eines Arbeitsvertrages war also nahezu der letzte Akt der juristischen Freiheit des Arbeiters. Die Rechtsverhältnisse in den Unternehmen waren noch stark von ihren feudalistischen Vorbildern geprägt und dazu bestimmt, optimale Ausbeutungsbedingungen für die Kapitalisten zu schaffen und zu erhalten, sie zielten auf die schonungslose Ausbeutung der Arbeiterschaft ab und hatten gleichzeitig die Aufgabe, die Arbeiter niederzuhalten, sie widerspiegeln anschaulich die ökonomischen Machtverhältnisse und die enge Verquickung der sich als Klasse formierenden Schicht brandenburgisch-preußischer Kapitalisten mit dem feudal-absolutistischen Staat. Sie zeigen, daß der Staat zum Handlanger der Unternehmerinteressen wurde und daß er andererseits aber auch in den Unternehmern willfährige Instrumente zur Durchsetzung von Staatsinteressen gefunden hatte. In dieser Phase der Entwicklung gab es eine nahezu nahtlose Interessenübereinstimmung zwischen den feudalistischen und den kapitalistischen Ausbeutern in Brandenburg-Preußen.

V. Die Beendigung von Arbeitsrechtsverhältnissen

1. Allgemeines

Die Beendigung eines Arbeitsrechtsverhältnisses war für beide Seiten von hoher ökonomischer Bedeutung. Einerseits verlor der Arbeiter die Grundlage seiner Existenz (oder gab sie freiwillig auf) mit der Maßgabe, sich sofort wieder

---

[134] ZSTA, Dienststelle Merseburg, Gen.-Dir., Fabr.-Dept., Tit. CDXXXIX, No. 11, adhib. 1, Bl. 42 ff.

um ein neues Arbeitsrechtsverhältnis zu kümmern (bei Strafe seines physischen Untergangs), andererseits verlor der Kapitalist ein Objekt seiner Ausbeutung und damit eine der Grundlagen für die Schaffung seines Reichtums. Darüber hinaus verlor er häufig auch Teile seines in die Beschaffung von Arbeitskräften investierten Kapitals.[135] Da die Beendigung eines solchen Arbeitsrechtsverhältnisses oft mit der Auswanderung der Arbeiter verbunden war, hatte schließlich auch der brandenburgisch-preußische Staat ein Interesse an der Regelung der mit der Aufhebung eines Arbeitsrechtsverhältnisses verbundenen Probleme. Dabei spielten die Belange der Arbeiter keine Rolle.

Die von Justi ausgesprochene Erkenntnis, „daß ein Land nie zu viel Einwohner haben kann",[136] war hier schließlich der maßgebliche Beweggrund für staatliches Interesse und Eingreifen. Menschen wurden damals als einer der größten Reichtümer eines Landes angesehen.

Auch in der Frage der Auflösung von Arbeitsrechtsverhältnissen stimmten die Interessen der feudalistischen mit denen der kapitalistischen Ausbeuterklasse weitgehend überein. Diese Übereinstimmung schlug sich in den entsprechenden rechtlichen Regelungen nieder. Der brandenburgisch-preußische Staat unterstützte zwar Einwanderer in vielfältigster Weise, sorgte aber auch gleichzeitig dafür, daß sie sich in Kolonien fest niederließen. Er beschränkte ihre persönliche Freizügigkeit, was in Verbindung mit den Monopol-Privilegien der Kapitalisten bedeutete, daß es für viele Arbeiter praktisch keine Kündigungsmöglichkeit gab. Das galt insbesondere für die mit einem hohen Fachwissen aus dem Ausland herbeigezogenen Ouvriers. Deren letzter Ausweg war es oft, die Fabrik heimlich zu verlassen und ins Ausland zu fliehen. Wie der brandenburgisch-preußische Staat den Unternehmer in solchen Fällen unterstützte, zeigt ein Fahndungs- und Haftbefehl des „Königl. Stahl und Eisen Waaren Fabrique und Colonie Gerichts" in Neustadt-Eberswalde vom 30. Juni 1766 gegen den „Schaalenschneider-Meister Christoph Wagener". Die für diesen Befehl (der gleichzeitig mit einem Rechtshilfeersuchen an Magistrate und Gerichte verbunden war und das Versprechen enthielt, daß auch selbst in ähnlichen anderen Fällen Rechtshilfe gewährt werden würde) maßgeblichen Gründe wurden von dem Gericht in einer Übertretung der königlichen Ansiedelungsverordnung und darin gesehen, „daß die Stahl und Eisen Waaren Fabrique wegen eines Schaalenschneiders in Verlegenheit kommen könnte."[137] Eine besondere Gefährlichkeit des Wagener sah das Gericht noch darin, daß dieser weitere Colonisten nachziehen wolle und er außerdem bei seiner Flucht auch noch seinen Gesellen Jacob Schaffer mitgenommen hatte. Wagener und

---

[135] Hinze, a. a. O., S. 115.

[136] Johann Heinrich Gottlob von Justi, Grundsätze der Polizeywissenschaft, Frankfurt a. M. 1969, S. 76; vgl. aber auch: Justi, Vollständige Abhandlung, S. 20.

[137] ZSTA, Dienststelle Merseburg, Gen.-Dir., Fabr.-Dept., Tit. CDXXXIX, No. 11, adhib. 4, Bl. 18 f.

Schaffer werden als „entwichen" bezeichnet und die Magistrate und Gerichte gebeten, sie anzuhalten, zu arretieren und auf Kosten der Eisen- und Stahlwarenfabrik an diese auszuliefern. Eine engere Verquickung zwischen Unternehmer und Staat ist wohl kaum noch denkbar!

Typisch und massenweise traten in Brandenburg-Preußen Arbeitsrechtsverhältnisse auf, die für jeweils einen Tag abgeschlossen waren (Tagelöhner). Daneben gab es eine Reihe anderer Arbeitsrechtsverhältnisse, bei denen z. T. vertraglich und z. T. gesetzlich die Kündigungsfristen und Kündigungsmodalitäten festgelegt waren. Die Aufhebung des Arbeitsvertrages des Fabrikarbeiters unterscheidet sich sehr wesentlich von der Aufhebung des Gesindevertrages bzw. des Zunftrechtsverhältnisses des Gesellen. Während der Arbeiter und der Kapitalist mit wenigen Ausnahmen Verträge frei abschließen und aufheben konnten, war das bei den Gesinde- und Handwerksverträgen durchaus nicht der Fall. Besonderes Merkmal letzterer Verträge war es beispielsweise, daß sie nur zu bestimmten Terminen im Jahr abgeschlossen und auch wieder aufgelöst werden durften.

2. Die Beendigung des Arbeitsrechtsverhältnisses durch Zeitablauf

Die Beendigung durch Zeitablauf war wohl die häufigste Form der Aufhebung des Arbeitsrechtsverhältnisses. Das deshalb, weil die meisten Arbeiter als Tagelöhner und Hilfskräfte beschäftigt waren. Immerhin kamen auf einen ausgebildeten Arbeiter zwei bis fünf derartige Hilfskräfte. Auch mit dem zunehmenden Einsatz von Maschinen veränderte sich dieses Verhältnis immer mehr zugunsten dieser unmittelbar zum Proletariat zu zählenden Arbeitskräfte. Sie wurden ausnahmslos als Tagelöhner behandelt. Ihr Arbeitsvertrag wurde für einen Tag abgeschlossen, sie erhielten am Ende des Tages ihren Lohn und damit war dann das Rechtsverhältnis zwischen dem Unternehmer und dem Arbeiter wieder beendet. Am nächsten Tag kam es dann zu einem neuen Arbeitsvertrag – wiederum für einen Tag usw. usf. Auch wenn Tagelöhner und ähnliche Hilfskräfte über längere Zeiträume in dem gleichen Unternehmen beschäftigt waren, änderte das nichts an der rechtlichen Betrachtungsweise ihres Arbeitsvertrages. Das General-Direktorium sah die Arbeit der Tagelöhner als einen „interimistischen Brodt-Erwerb bis zu einem anderweitigen Etablissement" an.[138] Ausgangspunkt für eine derartige Rechtsauffassung war die bisherige völlige wirtschaftliche Bedeutungslosigkeit dieser proletarischen Arbeitskräfte, ihr auch in Brandenburg-Preußen im 17. und 18. Jahrhundert massenweises Vorhandensein und ihre völlige wirtschaftliche Abhängigkeit von Ausbeutern jeglicher Art. Man brauchte nicht zu befürchten, daß einer Fabrik eines Tages Hilfskräfte fehlen würden und diese deshalb nicht weiter existieren könnte. Diese Gestaltung der Arbeitsrechtsver-

---

138 ZSTA, Dienststelle Merseburg, Gen.-Dir., Fabr.-Dept., Tit. LXXXX, Nr. 16, Bl. 139.

hältnisse sorgte im übrigen dafür, daß gerade die ärmsten Arbeiter Krisen und Absatzschwankungen und andere wirtschaftliche Fährnisse der Fabrik zuerst und am unmittelbarsten spürten. Sie konnten von einem Tag auf den anderen von der Produktion ausgeschlossen werden, für sie gab es in diesem Fall auch keine Unterstützungen in Form von Wartegeldern o. ä. Aber auch mit ausgebildeten Arbeitern gab es Verträge, die durch Zeitablauf endeten. So war in Brandenburg-Preußen eine ganze Reihe von Menschen für einen bestimmten, von vornherein vereinbarten Zeitraum beschäftigt, nach dessen Ablauf endete der Arbeitsvertrag automatisch, und der Arbeiter konnte beispielsweise ohne besondere Aufkündigung die Fabrik verlassen.[139] Für eine weitere Beschäftigung des Arbeiters war ein neuer Vertrag, zumindest aber eine Verlängerung des alten nötig.

3. Die fristgemäße Kündigung

Die Auflösung des Arbeitsvertrages konnte von den Beteiligten über eine fristgemäße Kündigung herbeigeführt werden. Die Kündigungsfristen waren dabei recht unterschiedlich geregelt. Es gab zunächst gesetzliche Festlegungen der Kündigungsfrist, so zum Beispiel in Cap. III § 3 der Hütten- und Hammerordnung vom 27. April 1769, hier heißt es: „In Ansehung der Gedinge-Zeit wird hierdurchfestgesetzet, daß jedesmal das Gedinge um Fast-Nacht, oder in der Mitte des Februarii vorzunehmen, drey bis vier Wochen aber vorhero von den Hütten-Arbeitern welche ferner auf dem Werck zu verbleiben nicht gesonnen, der Factorey des Ortes solches gehörig und geziemend anzusagen ist . . .“[140]

Auch im „Reglement für die Gold- und Silber-Etoffes auch Seiden- und Sammet-Fabriquen in Berlin“ vom 15. März 1766 wurde die Kündigungsfrist für Meister und „Fabricanten“ gegenüber ihrem Hauptverleger festgelegt. Sie sollte mindestens zwei Monate betragen, die Kündigung wurde aber erst wirksam, wenn die gesamte übernommene Arbeit fertig war.[141] Die Hauptverleger waren normalerweise ebenfalls an die Kündigungsfrist von zwei Monaten gebunden.[142]

Die Magdeburgische Kammer wies auf eine allgemein übliche Kündigungsfrist von vier Wochen hin[143], während das Königliche Manufactur- und Commerz-Collegium von einer gegenseitigen Aufsagungsfrist von 14 Tagen als Regel berichtete[144].

---

139 Vgl. ZSTA, Dienststelle Merseburg, Gen.-Dir., Fabr.-Dept., Tit. CCLVIII, No. 53, Bl. 50/51.

140 NCC, VO von 1769, No. 33, Spalte 5731.

141 NCC, VO von 1766, Spalte 180, Art. XXXI.

142 Siehe ebenda.

143 Vgl. ZSTA, Dienststelle Merseburg, Gen.-Dir., Fabr.-Dept., Tit. LXXXX, Nr. 16, Bl. 191v.

144 Vgl. ebenda, Bl. 160v.

Die Kündigungsfristen sind also durchaus nicht einheitlich geregelt gewesen, sie waren offensichtlich von dem Bestreben des Staates und der Unternehmer bestimmt, durch die Aufkündigung des Arbeitsvertrages den Arbeitsablauf in der Produktion so wenig wie möglich stören zu lassen. Hinsichtlich der Festlegung einer Kündigungsfrist gegenüber den Arbeitern war wohl weniger das Wohl der betroffenen Arbeiter maßgeblich als vielmehr der Wunsch des Staates, keine ausgebildete Arbeitskraft ungenutzt zu lassen; es war eben eine ökonomische Notwendigkeit, alle – zum Teil mit viel Mühen und hohem finanziellen Aufwand ins Land geholten – Arbeitskräfte mit entsprechender Arbeit zu versehen oder zumindest doch aber durch entsprechende Zuwendungen an einer Auswanderung zu hindern. Dort, wo dieser ökonomische Zwang nicht wirksam wurde, nämlich bei den Tagelöhnern und anderen proletarischen, nicht ausgebildeten, massenweise vorhandenen Arbeitern, dachte der brandenburgisch-preußische Staat nicht im entferntesten daran, einer gesetzlichen Regelung näherzutreten, die dieser Bevölkerungsschicht zum Vorteil gereichen konnte. Selbst als Unternehmer mit Blick auf den ungehemmten Fortgang ihrer Produktion für Maschinenarbeiterinnen eine Kündigungsfrist von 14 Tagen gesetzlich festzulegen vorschlugen, wurde das abgelehnt und darauf verwiesen, daß eine solche Kündigungsfrist bei der Annahme dieser Arbeiter zwischen dem Unternehmer und diesen freiwillig vereinbart werden könne.[145] Daß natürlich von Freiwilligkeit auf Seite der Arbeiter keine Rede sein konnte, ergab sich klar aus dem wirtschaftlichen Zwang, der sie zum Verkauf ihrer Arbeitskraft bestimmte und der ihnen nicht gestattete, hinsichtlich der angebotenen Arbeitsbedingungen wählerisch zu sein. Diese Freiwilligkeit war eben nicht mehr als eine juristische Fiktion, die über die tatsächlichen Verhältnisse hinwegtäuschen sollte. Andererseits brachte die vertragliche Vereinbarung über den Verkauf der Arbeitskraft gegenüber der Fronarbeit leibeigener brandenburgisch-preußischer Bauern doch einen Fortschritt.

Daß es bei der Festlegung der Kündigungsfrist vordergründig um die Unternehmerinteressen ging, zeigt auch die Tatsache, daß es neben der zeitlich festgelegten Kündigungsfrist auch eine solche gab, die vom Stand der Arbeit ausging. In den Akten findet sich hinsichtlich der Gesellen der Seiden- und Samt-Fabriken die Bestimmung, daß Gesellen aufzukündigen haben, wenn das Stück halbfertig ist, daß sie aber erst nach völliger Fertigstellung des Stückes die Arbeit verlassen dürfen.[146] Wann den Gesellen zu kündigen ist, geht aus dieser Vorschrift allerdings nicht hervor.

---

145 Vgl. diesbezüglich die Anfrage des Tuch-Fabrikanten Tietz an das Gen. Fabr. Dept. und dessen Antwort in: ZSTA, Dienststelle Merseburg, Gen.-Dir., Fabr.-Dept., Tit. LXXXX, Nr. 16, Bl. 184–187, im Prinzip gleichen Inhalts auch die Anfrage des Fabrikengerichts an das Fabr.-Dept. und dessen Antwort darauf; ebenda, Bl. 223–226.

146 STA Potsdam, Rep. 30A, Berlin, Polizeidirektorium, Tit. 12, Nr. 79, Vol. 1, Bl. 132.

Lehrverträge durften nicht gekündigt werden, diese Vorschrift widerspiegelt das Interesse des Staates am Vorhandensein ausgebildeter Arbeitskräfte, wie weit dieses Interesse getrieben wurde, zeigt Hinze sehr anschaulich.[147]

Ob und in welchem Umfang Kündigungsfristen vereinbart und eingehalten wurden, ließ sich an Hand der untersuchten Akten nicht mehr feststellen.

4. Die Kündigung ohne Einhaltung einer Frist

Dieses Recht stand grundsätzlich nur den Unternehmern zu, es gehörte zu ihrem unmittelbaren Machtinstrumentarium. Es wird in Art. XXXI des Reglements für die Gold- und Silber-Etoffes auch Seiden- und Sammet-Fabriquen in Berlin[148] ebenso festgesetzt wie in Art. 27 des „Entrepreneurcontracts über die Neustadt-Eberswaldesche Eisen- und Stahlwarenfabrik“[149]; auch in den schon erwähnten Vorschlägen des Königl. Manufactur- und Commerz-Collegiums ist dieses Recht ausdrücklich vorgesehen, dort heißt es: „Hierbey haben wir jedoch den Verlegern das Recht augenblicklicher Aufsagung bey Betrug oder fehlerhafter Arbeit ausdrücklichvorbehalten, zu müssen, geglaubt, um den Schaden zu verhüten, der ihnen sonst durch einen boshaften Meister oder HauptArbeiter noch zuletzt verursacht werden könnte.“[150]

Nach den damaligen Arbeitsmethoden war allerdings fast an jedem Stück etwas auszusetzen, so daß praktisch das Recht der augenblicklichen Aufsagung vom Verleger jederzeit ausgeübt werden konnte. Außerdem trieb bitterste Armut die Arbeiter oft zu betrügerischen Handlungen, um ihre Not etwas zu lindern.[151] Die Einschränkungen dieses Kündigungsrechts auf die Fälle des Betruges und der Qualitätsverletzung war damit im Prinzip eben keine Einschränkung. Das insbesondere auch deshalb nicht, weil die Schau ja de facto ebenfalls in der Hand der Unternehmer lag und er so immer in der Lage war, sich die notwendigen Entlassungsgründe zu schaffen. Sollte ein Arbeiter gegen die Entlassung durch den Unternehmer bzw. das Schauergebnis vorgehen wollen, mußte er sich auf ein ziemlich langwieriges Verfahren gefaßt machen. Dafür hatten die Arbeiter aber in aller Regel nicht die ökonomische Basis. Die Berichtigung eines fehlerhaften Schauergebnisses konnte Monate dauern und einen Schutz vor weiteren Repressalien konnte den Arbeitern niemand gewähren.[152] Die wirtschaftliche Not und Ab-

---

[147] Hinze a. a. O., S. 188, hier auch insbesondere Fußnote 1.

[148] NCC, VO von 1766, No. 28, Spalte 180.

[149] Vgl. ZSTA, Dienststelle Merseburg, Gen.-Dir., Fabr.-Dept., Tit. CDXXXIX, Nr. 11, adhib. 1a, Bl. 44.

[150] ZSTA, Diensstelle Merseburg, Gen.-Dir., Fabr.-Dept., Tit. LXXXX, Nr. 16, Bl. 161.

[151] Carl Hinrichs, a. a. O., S. 290 ff.

[152] Horst Krüger, a. a. O., S. 576.

hängigkeit der Arbeiter ausnutzend, wurde dieses Recht der Kündigung ohne Einhaltung einer Frist zu einem äußerst wirksamen Unterdrückungsmittel in der Hand der Unternehmer.

5. Nebenpflichten aus der Aufhebung des Arbeitsrechtsverhältnisses

Mit der Aufhebung des Arbeitsrechtsverhältnisses waren eine Reihe von Folgen verknüpft. Beim Abschluß des Arbeitsvertrages und auch während des Arbeitsrechtsverhältnisses war es trotz gesetzlicher Verbote durchaus üblich, daß die Unternehmer den Arbeitern zum Teil nicht unbeträchtliche Vorschüsse zahlten. Meist gab es hinsichtlich der Rückzahlung derselben die Vereinbarung, die Vorschüsse nach und nach vom Lohn einzubehalten. Da aber bei der Masse der Arbeiter der Arbeitsverdienst gerade ausreichte, um das Existenzminimum zu gewährleisten, war die Möglichkeit für die Arbeiter, diese Vorschüsse jemals ordnungsgemäß bezahlen zu können, denkbar gering. Sie befanden sich nun schon in einer doppelten Abhängigkeit von ihren Ausbeutern. Sollten sie aber die Vorschüsse abgetragen haben, traten – eben wegen des geringen Arbeitsverdienstes – andere Schulden in Erscheinung, so beispielsweise für Miete und Lebensmittelkäufe.[153] Bei der Beendigung des Arbeitsrechtsverhältnisses mußte nun selbstverständlich eine Regelung über die Rückzahlung der Vorschüsse getroffen werden. Dabei gab es grundsätzlich zwei Möglichkeiten. Erstens konnte der neue Unternehmer, bei dem der Arbeiter nach Auflösung des bestehenden Arbeitsrechtsverhältnisses arbeiten wollte, die Schulden des Arbeiters ablösen und diesen damit nun wiederum von sich abhängig machen, zum anderen konnte aber auch zwischen dem Unternehmer und dem Arbeiter vereinbart werden, daß der neue Unternehmer berechtigt sein sollte, einen bestimmten Teil des Lohnes an den bisherigen Unternehmer zur Abdeckung des Vorschusses abzuführen.

Im Prinzip kamen die Arbeiter so nie aus dem Teufelskreis der Verschuldung heraus, und viele versuchten ihr Heil in dem heimlichen Verlassen des Unternehmens, womit sie sich schließlich gerichtlicher Verfolgung und Bestrafung aussetzten. Die Akten lassen hier ein anschauliches Bild zu.[154]

Neben der Rückzahlung des Vorschusses war auch die Rückgabe von Werkzeugen und Material an den Unternehmer zu regeln. Dies war vor allen Dingen in der dezentralisierten Produktion sehr wichtig. Auch hier kam es vor, daß

---

[153] Vgl. z. B.: Patent, daß keinem in der Gewehr-Fabrique zu Potsdam, ohne der Vorgesetzten Einwilligung, nichts an Wein, Bier, Brandtwein, noch Victualien und Kleidern geborget werden solle vom 28. Dezember 1722, CCM, V. Theil, II. Abth., Nr. XIX; vgl. hierzu auch Krüger, a. a. O., S. 219/220.

[154] Vgl. hierzu z. B.: ZSTA, Dienststelle Merseburg, Gen.-Dir., Fabr.-Dept., Tit. LXXXX, Nr. 16, Bl. 96–99; ebenda Tit. CDXXXIX, No. 11, adhib. 2, Bl. 65–67.

die Arbeiter das Unternehmen verließen, ohne ihrer Rückgabeverpflichtung nachgekommen zu sein. Die Rückgabe von Produktionsmitteln war deshalb häufig Gegenstand gerichtlicher Auseinandersetzungen zwischen den Unternehmern und den Arbeitern.[155]

Schließlich gehörte aber auch die Bezahlung von Restlohn in den Kreis der Fragen, die bei der Beendigung von Arbeitsverhältnissen eine Rolle spielen konnten.

Eine der für die Arbeiter besonders bedeutungsvollen Nebenpflichten der Unternehmer bei Beendigung des Arbeitsrechtsverhältnisses war die Ausfertigung von Kundschaften, Erlassungsscheinen oder Attesten. Diese Dokumente ermöglichten nämlich den Arbeitern erst den Abschluß eines neuen Arbeitsvertrages.[156] Die einstellenden Unternehmer waren gesetzlich verpflichtet, vor Abschluß eines Arbeitsvertrages den Erlassungsschein des Arbeiters entgegenzunehmen. Das bloße Vorzeigen des Scheines genügte nicht. Der brandenburgisch-preußische Staat befürchtete, daß unter Umständen der eine oder andere Arbeiter seine Schulden nicht bezahlen würde. Bingert schilderte in einem Schreiben an das V. Departement des General-Direktoriums vom 22. Juli 1770 folgende Variante: Ein Arbeiter, der Schulden hat, sagt seinem neuen Unternehmer, er wolle sich mit dem alten dieserhalb vergleichen und deshalb könne er ihm den Erlassungsschein nicht geben, später teilt er dann dem neuen Unternehmer mit, daß er sich mit dem vorigen verglichen habe, und er erhält von seinem Unternehmer den vollen Lohn ausgezahlt. Wenn er nun auch diese Arbeit aufkündigt und zu einem dritten Unternehmer geht, gehen seine Schulden bei dem ersten Unternehmer unter und es macht äußerste Schwierigkeiten, die ganze Angelegenheit überhaupt jemals wieder in Ordnung zu bringen.[157] Da diese Erlassungsscheine für die Arbeiter doch von erheblicher Bedeutung waren, waren sie auch gleichzeitig ein weiteres Zwangsmittel der Unternehmer gegen die Arbeiter. Durch eine Weigerung, einen solchen Erlassungsschein auszustellen, konnten sie die Arbeiter zwingen, bei sich weiter zu arbeiten. In den Akten findet sich folgender Fall: Ein Unternehmer weigerte sich, einem Gesellen einen Erlassungsschein auszustellen, da dieser noch Schulden bei ihm hätte. Daraufhin zog der Geselle heimlich fort, setzte sich damit ins Unrecht und sollte mit Hilfe eines Gerichtsdieners wieder zur alten Arbeitsstelle zurückgebracht werden.[158] Die Weigerung des Unternehmers, die offensichtlich contra legem war, blieb hierbei völlig außer Betracht. Krüger berichtet von einem weiteren Beispiel unternehmerlicher Willkür. Hier

---

[155] Vgl. STA Potsdam, Pr. Br., Rep. 30A Berlin, Polizeidirektorium, Tit. 369, Nr. 6, Bl. 8 und 9.

[156] NCC, VO v. 1770, Nr. 54 und Nr. 74.

[157] ZSTA, Dienststelle Merseburg, Gen.-Dir., Fabr.-Dept., Tit. LXXXX, Nr. 16, Bl. 100–101.

[158] Ebenda, Bl. 96–99.

mußten die Arbeiter erst zum Fabrikengericht gehen, um zu einem Erlassungsschein zu kommen. Dieser Fall ist insofern noch besonders interessant, weil sich die Unternehmer sogar weigerten, dem Beschluß des Fabrikengerichts nachzukommen, der sie verpflichtete, Erlassungsscheine auszustellen. Die Erlassungsscheine wurden dann schließlich vom Fabrikengericht selber ausgefertigt.[159] Der Grund für diese zugunsten der Arbeiter ergangene Entscheidung des Fabrikengerichts ist wohl darin zu suchen, daß sich letztlich auch die Unternehmer der brandenburgisch-preußischen Staatsräson zu unterwerfen hatten. Die Durchsetzung des brandenburgisch-preußischen Staatswillens demonstriert auch der folgende Fall: Der Zeugmachergeselle Johann Gottfried Frenzel arbeitete im Königlichen Lagerhaus. Nach Beendigung seines Arbeitsrechtsverhältnisses erhielt er die übliche Kundschaft (!). Frenzel wanderte dann nach Ronneburg (Sachsen-Gotha). Als er hier arbeiten wollte, wurde die Kundschaft des Lagerhauses nicht nur nicht vom Zeugmacher-Handwerk akzeptiert, Frenzel wurde darüber hinaus auch noch mit Strafe bedroht. Das führte dann schließlich zum diplomatischen Eingreifen des brandenburgisch-preußischen Staates bei der Regierung von Sachsen-Gotha, die ihrerseits das Zeugmacher-Gewerk in Ronneburg disziplinierte und den brandenburgisch-preußischen Räten versicherte, jederzeit zu derartigen Hilfeleistungen bereit zu sein.[160]

Die Erlassungsscheine waren für die Unternehmer nicht nur wegen der Sicherung ihrer Forderungen von Bedeutung, sie gaben vielmehr auch Auskunft über weitere für das Arbeitsrechtsverhältnis bedeutsame Faktoren, wie Art und Zeitdauer der Tätigkeit, Art der Fabrik und Verhalten während der Arbeit.[161]

Es ist also festzustellen, daß auch die bei und nach Beendigung des Arbeitsrechtsverhältnisses anzuwendenden Rechtsvorschriften so gestaltet waren, daß sie einen möglichst umfassenden Schutz für die kapitalistische Unternehmerschicht boten.

VI. Die Arbeitslosigkeit

Die kapitalistische Produktion wurde in Brandenburg-Preußen von Beginn an von der Arbeitslosigkeit begleitet. Von ihr waren nicht nur die Massen der proletarischen unausgebildeten Hilfsarbeiter betroffen, sondern auch Facharbeiter jeglicher Art. Diese Arbeitslosigkeit konnte verschiedene Ursachen haben.

Oftmals sind bereits Arbeitskräfte ins Land gezogen worden, noch ehe überhaupt die entsprechenden Produktionsstätten errichtet waren. Bis zum Beginn der

---

159 Horst Krüger, a. a. O., S. 553.

160 ZSTA, Dienststelle Merseburg, Rep. 9, Allgem. Verwaltung, JJ 12 d 1713–1790, Bl. 24–37.

161 ZSTA, Dienststelle Merseburg, Gen.-Dir., Fabr.-Dept., Tit. LXXXX, Nr. 16, Bl. 15.

Produktion waren diese Arbeiter arbeitslos – allerdings, das ist auch das besondere hierbei, mit einem Arbeitsvertrag. Diesen Arbeitern wurde auch eine Unterstützung durch die Unternehmer zuteil, da sie ja gehindert werden sollten, wieder fortzuziehen.[162] Zuweilen gab es auch in den Arbeitsverträgen oder Vorverträgen wegen der noch fertigzustellenden Betriebe besondere Vereinbarungen, beispielsweise über die kostenfreie Rückreise der Arbeiter für den Fall, daß der fragliche Betrieb nicht errichtet wurde. Da die Unternehmer auf die Facharbeiter angewiesen waren, waren sie auch zu den entsprechenden Zugeständnissen gezwungen. Ganz ähnlich sah es während der Absatzkrisen aus. Auch hier waren die Unternehmer daran interessiert, sofort ihren Betrieb in dem alten Umfang wieder aufnehmen zu können, wenn sich die Absatzlage verbesserte. Das führte dazu, daß im Falle der Arbeitslosigkeit die bestehenden Verträge mit den Facharbeitern nicht aufgelöst wurden. Den Arbeitern wurden sogar Wartegelder von den Unternehmern gezahlt. Selbst der brandenburgisch-preußische Staat zahlte derartige Wartegelder mit dem Ziel, die entsprechenden Arbeitskräfte im Lande zu behalten. Andererseits versuchte der Staat die Unternehmer durch entsprechende Auflagen zu verpflichten, ihre Arbeiter beständig zu beschäftigen. In der Praxis zeigte sich jedoch sehr bald, daß man kapitalistischen Krisen nicht mit Königlich Preußischen Ordres beikommen konnte. Entsprechende Forderungen an die Unternehmer waren zwar aus der Sicht Hohenzollernscher Bevölkerungspolitik richtig, aber eben doch nicht durchsetzbar. Ein Beispiel des Wirksamwerdens des Preußischen Königs in dieser Hinsicht ist die reichlich ungnädige Kabinettsorder Friedrichs II. an seinen Etatsminister v. Bismarck, dem befohlen wurde, dafür zu sorgen, daß die bei Sieburg beschäftigten Kattunweber sofort wieder in Arbeit gesetzt und beständig darin gehalten werden.[163] Auch als die bei dem Unternehmer Levin Bernd Hirsch in Potsdam beschäftigten Plüschmacher arbeitslos wurden und sich um Unterstützung an den König wandten, wurde ihnen nicht nur ein Wartegeld von 1 Rthl. wöchentlich zugebilligt, sondern es wurde gleichzeitig auch mit Hirsch verhandelt, daß er sein Unternehmen wieder in Gang bringen und seinen Arbeitern Arbeit geben sollte. Hirsch seinerseits verwies auf den schlechten Absatz und auf allerlei frühere Finanztransaktionen, die nun schließlich zu Lasten seiner Arbeiter gingen.[164]

Die Unterstützungen konnten natürlich nicht verhindern, daß die Arbeiter in bitterste Not gerieten. Eine Bittschrift an den König zeichnet davon ein beredtes Bild: „also wird unsere Noth immer größer Zumahl wir in schwerer Miethe sitzen, wogegen andere Fabricanten doch hier freye Miethe haben, weil wir nun schon auf ein halb Jahr keine Arbeit haben so können wir auch keine Miethe abtragen und sollen also ausziehen das macht dann unsere Noth doppelt, wißen also

162 Gothsche, Die Königlichen Gewehrfabriken, Berlin 1904, S. 2.

163 ZSTA, Dienststelle Merseburg, Gen.-Dir., Fabr.-Dept., Tit. CCLVIII, Nr. 53, Bl. 98.

164 ZSTA, Dienststelle Merseburg, Gen.-Dir., Fabr.-Dept., Tit. CCXLI, No. 50, Bl. 45–171.

nicht wo wir uns hinwenden sollen ..."[165] Noch bedrückender war aber die Situation für die Arbeiter, die weder für den Staat noch für den einzelnen Unternehmer von lebenswichtiger Bedeutung waren, beispielsweise die Tagelöhner und viele Gesellen. Sie waren darauf angewiesen zu betteln. Welchen Umfang die Bettelei angenommen hatte, verdeutlichen die diversen Verordnungen, die die Bettelei steuern sollten.[166] Zünftlerische Moralnormen sorgten darüber hinaus noch dafür, daß Arbeiter lieber bettelten, als eine Arbeit außerhalb ihres Gewerkes zu verrichten.

Als von Marconnay beispielsweise 1746 vorschlug, daß Lehrlinge und Gesellen der Wollarbeiter und Leineweber bei mangelnder Arbeit zur Abwendung der Bettelei spinnen sollten, wurde das von den Gewerken mit folgender Begründung abgelehnt:

- spinnen müsse erst erlernt werden,
- spinnen gehöre nicht zum jeweiligen Gewerk,
- spinnen sei für Gesellen ein Schimpf,
- Gesellen würden in anderen Provinzen deshalb nicht angenommen werden.[167]

Schließlich wurde die Armut und Not der Arbeiter zum Ausgangspunkt der Prostitution und zahlreicher Straftaten.[168] Die Strafe lautete dann oft Arbeitshaus oder Zuchthaus. Es mag paradox klingen, aber in vielen Fällen sorgte gerade die Arbeitslosigkeit dafür, daß die Arbeiter zur Zwangsarbeit verurteilt wurden.

VII. Die Rechtsprechung in Arbeitsrechtssachen

1. Notwendigkeit und Organisierung einer besonderen Arbeitsrechtsprechung

Mit der Entwicklung der kapitalistischen Produktionsweise entwickelte sich in Brandenburg-Preußen nicht nur das Recht weiter, es bildete sich nicht nur ein erstes Arbeitsrecht heraus, sondern es kam gleichzeitig auch zur Entwicklung von besonderen Rechtspflegeeinrichtungen. In der Rechtsprechung herrschten sowohl von der Anzahl der Gerichte, ihrer Zuständigkeit und der Arbeitsweise her Zustände, die sich keineswegs mit den Bedürfnissen der modernen kapitalistischen

---

[165] Ebenda, Bl. 149.

[166] Vgl. z. B. NCC, VO von 1774, Nr. 65 und 66; aber auch: STA Potsdam, Pr. Br., Rep. 30A Berlin, Polizeidirektorium, Tit. 12, Nr. 79, Vol. 1, Bl. 18 ff.

[167] Vgl. STA Potsdam, Prov. Br., Rep. 19, Steuerrat Potsdam, Generalia II, W 18, Nr. 405.

[168] Jürgen Kuczynski, Band 18, S. 30.

Produktion in Übereinstimmung befanden. Friedrich Holtze berichtet von immerhin 12 unterschiedlichen Gerichten, die in Berlin um 1720 tätig waren; es waren dies:

- das Geheime Justiz-Kollegium
- das Kriminal-Kollegium
- das Cammer-Gericht
- das Konsistorium
- das Ravensbergische Ober-Appellationsgericht
- das Ober-Appellationsgericht
- das Oranische Tribunal
- das Französische Obergericht
- das Hausvogtei-Gericht
- das Amt Mühlenhofen
- die Stadtgerichte
- das Französische Untergericht.[169]

Zu dieser verwirrenden Vielzahl von Rechtspflegeorganen mit ihren laufenden Kompetenzstreitigkeiten kam das übliche langwierige Verfahren mit artikelweiser Vernehmung und Aktenversendung.

So gab es eine Vielzahl gesetzlicher Vorschriften, die sich auch oder ausschließlich mit der Verbesserung des Gerichtsverfahrens, insbesondere mit seiner Abkürzung, beschäftigten, es waren dies beispielsweise:

- die Renovatio des Edicts vom 23. 8. 1700 und vom 7. Nov. 1705[170]
- die Criminalordnung vom 8. Juli 1717[171]
- die Declaration vom 29. April 1720[172]
- das Edict vom 16. Oktober 1720[173]
- das Allgemeine Edict vom 21. August 1724[174]
- die Allgemeine Ordnung vom 12. Juli 1732[175]
- das Edict vom 9. Januar 1736[176]
- das Mandatum vom 4. Oktober 1737[177]
- das Rescript vom 22. Juni 1738[178]

---

[169] Friedrich Holtze, Das juristische Berlin beim Tode des ersten Königs, Berlin 1892, in: Schriften des Vereins für die Geschichte Berlins, Heft XXIX, S. 3–68.

[170] CCM, II. Theil, III. Abth., No. XXIII, Spalten 37–40.

[171] Ebenda, No. XXXII, Spalten 61 ff.

[172] Ebenda, No. XLI.

[173] Ebenda, No. XLIII, Spalten 123/124.

[174] Ebenda, No. XLIX, Spalten 133/134.

[175] Ebenda, No. LXVI, Spalten 159 ff.

[176] Ebenda, No. LXXVI, Spalten 183 ff.

[177] I. Continuatio Corporis Constitutionum Marchicarum, 1737, Nr. LIX.

[178] Ebenda, 1738, Nr. XXIX.

– das Rescript vom 29. Juni 1739[179]
– das Rescript vom 12. Februar 1745[180]
– das Rescript vom 4. April 1746[181]
– die Circular-Verordnung vom 1. Juli 1746[182]
– das Circulare vom 18. August 1756[183]
das Circulare vom 31. Juli 1758[184].
– die Cabinetts-Ordre vom 14. April 1780[185].

Die oben angeführten Gesetzesvorschriften beschäftigten sich zwar hauptsächlich mit der Verbesserung der Strafgerichtsbarkeit, die mit ihnen bekämpften Mißstände waren jedoch typisch für die gesamte brandenburgisch-preußische Gerichtsbarkeit.

Rechtspflegeorgane mit oft monatelang andauernden Verfahren waren durchaus nicht geeignet, die von den kapitalistischen Unternehmern benötigte zügige Rechtsprechung durchzuführen. Deshalb wurden neue Rechtspflegeorgane geschaffen, die diesen Bedürfnissen eher Rechnung trugen. Dabei entsprach es durchaus den Gepflogenheiten des feudalistischen Staates, daß er zunächst erst einmal für jedes größere Produktionsunternehmen ein eigenes Jurisdiktionsrecht verlieh. Hierbei hat offensichtlich die gutsherrliche Jurisdiktionshoheit Pate gestanden. Bezeichnend für diese Rechtsprechungsbefugnis war, daß ihr Umfang in den einzelnen Unternehmungen durchaus nicht gleich geregelt war. Auf diese Weise entstanden eine Reihe von Fabrik-Sondergerichten, die nun zwar nicht gerade dazu beitrugen, die Rechtsprechung übersichtlicher und durchschaubarer zu machen, aber den Bedürfnissen kapitalistischer Produktion in feudalistischer Umwelt durchaus entsprachen. Auf diese Weise entstanden beispielsweise das Gericht der Porzellanmanufaktur, das Gericht der Gewehrfabrik, das Neustadt-Eberswaldesche-Eisen-und-Stahlwaren-Fabrik-und-Colonie-Gericht.

Der Umfang der von diesen Gerichten ausgeübten Rechtsprechung war sowohl sachlich als auch persönlich sehr unterschiedlich geregelt. Während das Neustadt-Eberswaldesche Gericht nur für die kleineren Delikte der Beschäftigten untereinander zuständig war, war das Gericht der Porzellanmanufaktur auch für die Familienangehörigen der in der Manufaktur beschäftigten Arbeiter zuständig, auch gab es hier nicht die Beschränkung auf die niedere Gerichtsbarkeit. Die Ausübung der Jurisdiktion war ebenfalls unterschiedlich geregelt. Während die Entrepreneurs der Neustadt-Eberswaldeschen Eisen- und Stahlwarenfabrik einige

---

179 Ebenda, 1739, Nr. XXVII.
180 III. Continuatio Corporis Constitutionum Marchicarum, 1746, Nr. V.
181 Ebenda, Nr. X.
182 Ebenda, Nr. XIII.
183 NCC, VO von 1756, No. LXXV.
184 Ebenda, VO von 1758, No. XXXVI.
185 Ebenda, VO von 1780, No. XIII.

Monate selbst die Jurisdiktion ausübten, wurde dann auf Anordnung des Königs ein vom Staate bezahlter Richter, der Justizbürgermeister Palm, damit beauftragt. Palm war nicht Beschäftigter der Fabrik. In der Porzellanmanufaktur war von Anbeginn eines eigenen Gerichts an mit der Wahrnehmung der Jurisdiktion ein rechtlich ausgebildeter Justitiarius betraut, der Angehöriger der Manufaktur selbst war.

Trotz all dieser Unterschiede gab es in einem Übereinstimmung – in der Rechtsprechung zugunsten der Unternehmer.

Die in kurzen Abständen erfolgten Überarbeitungen der Instruktion für den Justitiarius der Porzellanmanufaktur lassen darüber hinaus erkennen, daß es unter anderem auch darum ging, Erfahrungen in der Behandlung solcher Rechtsangelegenheiten zu sammeln und eine optimale Struktur und Arbeitsweise für ihre Erledigung zu finden.

2. Das Gericht der Porzellanmanufaktur

Eine besondere Stellung unter den Fabrik-Sondergerichten nahm offensichtlich das Gericht der Königlichen Porzellanmanufaktur ein. Die Porzellanmanufaktur war zwar ein kapitalistisches Industrie-Unternehmen, Entrepreneur war aber der König selbst. Verwaltet wurde die Fabrik in seinem Auftrag von einem Direktor. Die Verschmelzung von feudalistischen und kapitalistischen Elementen in der Person des Königs führte hinsichtlich des Gerichts der Porzellanmanufaktur ebenfalls zu einer Besonderheit. Einerseits war dieses Gericht den kapitalistischen Produktionsinteressen des Königs untergeordnet, andererseits entsprach die personelle und sachliche Zuständigkeit durchaus der eines feudalen Patrimonialgerichts.

Das Gericht der Porzellanmanufaktur wurde 1764 gegründet. Für den Justitiarius war folgende Instruktion erlassen worden: „. . . er sollte

1. an jeder Sitzung teilnehmen, das Protokoll führen und kleine Streitigkeiten ohne prozessuale Weitläufigkeiten schlichten;
2. in 'erheblicheren' Fällen ernsthafte Bestrafung und Inhaftierung nur in Verbindung mit dem Hofgericht vornehmen;
3. eilige Angelegenheiten, wenn sie für die Manufaktur mit Gefahr verbunden sind, sofort erledigen;
4. Engagements, Pässe und Kontrakte mit Wissen des Direktors abfassen und die ‚ouvriers in Eyd und Pflicht nehmen';
5. alle Anzeigen und Berichte anfertigen;
6. alle Schäden von der Manufaktur abwenden und die Rechte derselben verteidigen."[186]

---

[186] Zitiert nach: Auguste Dorothea Bensch, a. a. O., S. 65.

Am 5. August 1764 erging an den ersten Senat des Cammer-Gerichts folgendes Schreiben: „Zufolge beygehender abschriftlichen allergnädigsten Cabinets-Ordre vom 27n m:p: ist der advocatus Jablonsky zum Justitiario der hiesigen Porcelain Fabrique ausersehen, und für ihn in dieser Qualität die gleichfalls copeylich angefügte instruction von dem Directore Grieninger entworfen worden. Es ist unser gnädigster Wille und Befehl, daß Ihr den p. Jablonsky darauf wegen des ihn conserirten Justitiariats bey der Porcelain-Fabrique anweisen und verpflichten auch zugleich dem Cammer-Gerichts-Rath und Hauß-Voigt Uhden aufgeben sollet auf jedesmalige Requisition des Directoris Grieninger oder des Justitiarii, alle verlangte Gerichtliche Hülfe schleunig zu leisten."[187]

Daraufhin wurde Jablonsky vereidigt. Er schwur insbesondere: „Nachdem S. Königl. Majestät mich zum Justitiario bey Allerhöchstdero Porcelain-Fabrique in Berlin allergnädigst bestellet und angenommen, daß Höchstgemeldter Sr. Königl. Majest. ich will getreu, gewärtig und gehorsam seyn, Dero Königl. Hauses Nutzens schaffen und befördern, Schaden und Nachteil aber verhüten, und meinem besten Vermögen nach abwenden. Ich will auch meinem aufgetragenen Amte mit gehörigem Fleiß obliegen, und bey denen nach Inhalt der mir erteilten Instruction abzuhaltenden Verhören und vorzunehmenden Untersuchungen die Gerechtigkeit und Billigkeit stets vor Augen haben, nach denen Königl. Criminal- und Civilgesetzen und Ordnungen auch beschriebenen Rechten ehrbaren und guten Ordnungen meinem besten Verstande nach verfahren und ertheilen und mich weder Furcht, Dräung, Neid, Gabe oder anderer Sachen in was Nahmen es immer geschehen möchte, nicht bewegen lassen, von denen Partheyen, so für mir zu rechten und zu handeln haben, oder von ihrentwegen keine Geschenke, Gabe oder Nutzung, weder durch mich selbst noch durch andere nehmen oder in meinem Nahmen nehmen lassen . . ."[188]

Die hier beschworene Unparteilichkeit und Unbestechlichkeit galt natürlich nur für die Fälle, in denen der König bzw. die Manufaktur eine neutrale Stellung einnehmen konnte. War der König oder die Manufaktur von einem Rechtsstreit betroffen, wie beispielsweise bei Unterschlagungen und dergleichen, war natürlich der Dienst am König vorrangig.

Nach Jablonskys Tod wurde 1768 der Advokat Carl Wilhelm Hugo mit dem Justitiariat der Porzellanmanufaktur betraut. Er erhielt eine eigene Instruktion, die anfangs nur unwesentlich von der abwich, die Jablonsky erteilt worden war.[189]

Bereits im Mai 1771 wurde Hugo die ihm erteilte Instruktion zu eng, er weitete seine Jurisdiktionshoheit zunächst von sich aus auf die Ehefrau eines Masse-Arbeiters, die in eine Restitutionsklage verstrickt wurde, aus. Der Cammer-Gerichts-Rath Strassburg, der bezüglich der Vollstreckung des Hugoschen Urteils

---

187 ZSTA, Dienststelle Merseburg, Rep. 9, E 16^{II}, Fasc. 4, Bl. 24.
188 Ebenda, Bl. 25.
189 Ebenda, Bl. 23.

Rechtshilfe leisten sollte, verweigerte diese mit dem Hinweis darauf, daß Hugo seine Zuständigkeit überschritten habe. Daraufhin beschwerte sich Hugo beim König, und es wurde eine neue, erweiterte Instruktion ausgearbeitet und schließlich Anfang November 1771 in Kraft gesetzt.[190] Nach dieser neuen Instruktion hatten nicht nur die Beschäftigten (Vorgesetzte, Officianten und Manufacturiers), sondern auch deren Ehefrauen und Kinder ihren ausschließlichen persönlichen Gerichtsstand beim Gericht der Manufaktur.

Der Justitiar wurde weiter verpflichtet, jede Woche einen ordentlichen Gerichtstag zu halten und hier in modo procedendi den kürzesten Weg zu beschreiten, um möglichst einen Vergleich der Parteien zu erreichen oder ex officio einen solchen durchzusetzen. Auch in umfangreichen und komplizierten Fällen sollte die Prozeßdauer 8 Tage nicht überschreiten. Das persönliche Erscheinen der Parteien wurde zur Pflicht erklärt, von der nur Krankheit oder „nothwendige Abhaltung" befreite. Es wurde zwar zugelassen, daß sich die Parteien eines Anwaltes bedienten, dieser war jedoch gehalten, sich den Prozeßgebräuchen des Manufaktur-Gerichts zu unterwerfen; die Prozeßpartei, die nicht durch einen Anwalt vertreten war, war – soweit notwendig – vom Justitiarius zu unterstützen. Die Abfassung der Dekrete und Bescheide mußte gemeinsam mit dem Direktor der Manufaktur erfolgen, der auch eine Mitunterschrift vollzog.

Mit der neuen Instruktion erhielten die Beschäftigten einen gewissen Schutz vor allzu umfangreich betriebenen Zwangsvollstreckungen. Ihre notwendigen Hausgeräte und Betten sollten von der Vollstreckung ausgenommen werden. Die Vollstreckung von Forderungen hatte über einen Abzug von den Lohneinkünften zu erfolgen – soweit das nach dem „Urteile des Directoris und des besonderen Vorgesetzten ohne Ruin des Manufacturiers statt finden kann". Auch ein Schuldarrest durfte nur mit Zustimmung des Direktors der Manufaktur verhängt werden, damit nicht die Produktion der Manufaktur unter Umständen darunter litte. Der Manufaktur wurde zur Vollstreckung ein eigener Gerichtsdiener zugebilligt, ferner wurden auch die Landreuter verpflichtet, dem Manufaktur-Gericht gegen eine Gebühr zu assistieren. Rechtsmittel in Sachen mit einem Streitwert unter einhundert Reichstaler gab es nicht. Rechtsmittelgericht in den Sachen, bei denen der Streitwert über 100 Rthl. lag, war das Cammer-Gericht. Starb ein bei der Manufaktur Beschäftigter, erlosch gleichzeitig auch der Gerichtsstand seiner Ehefrau und seiner Kinder beim Gericht der Manufaktur. Selbst die Erbteilung wurde von diesem Gericht nicht mehr wahrgenommen. Starben dagegen die Frau und/oder Kinder eines Manufakturbeschäftigten, war für die Vermögensteilung und die Bevormundung der Kinder das Porzellan-Manufaktur-Gericht zuständig.

Für die Auf- oder Annahme von Testamenten, Aufnahme von Inventarien zum Zwecke der Erbteilung und für die Durchführung von Kriminalprozessen wurden

---

[190] Vgl. NCC, VO von 1771, No. LXV, Spalten 345 ff.

ferner zwei Gerichts-Schöppen ernannt. Für ihre Tätigkeit erhielten alle Gerichtspersonen entsprechende Gebühren (Sportuln u. dgl.).

In geringfügigen Strafsachen stand dem Justitiarius in Gegenwart des Direktors an den ordentlichen Gerichtstagen die Untersuchung und Entscheidung zu. In schwerwiegenden Strafsachen stand dem Justitiar die Untersuchung dann zu, wenn sich die Straftat gegen die Manufaktur gerichtet hatte, allerdings mußte er die Akten zur Entscheidung an den Criminalsenat einsenden. War jedoch die Straftat nicht gegen die Manufaktur gerichtet, hatte der Justitiarius, wenn die Täter Vorgesetzte oder Officianten der Manufaktur waren, dem mit dem ersten Senat des Cammer-Gerichts kombinierten Hof-Gericht, wenn die Täter aber bloße Ouvriers waren, dem Stadtgericht Nachricht zu geben und diesen die Durchführung des Inquisitionsprozesses zu überlassen. Die neue Instruktion enthielt ferner Vorschriften über die Durchführung des Arrestes und darüber, daß der Justitiarius sämtlichen juristischen Schriftwechsel zu verfertigen und dem Direktor der Manufaktur zur Unterschrift vorzulegen hatte. Außerdem wurde dem Justitiar die übliche Verpflichtung auferlegt, die Rechte und Gerechtigkeiten der Manufaktur zu verteidigen und jeglichen Schaden von ihr abzuhalten.

Trotz der Ausführlichkeit der Instruktion gab es noch einige Unklarheiten über ihre Auslegung besonders hinsichtlich der Zuständigkeit des Manufaktur-Gerichts für nicht ständig bei der Manufaktur beschäftigte Arbeiter wie Tagelöhner und Handwerker, die nur ab und zu einmal ein Stück für die Manufaktur verfertigten. Deshalb wandte sich der Berliner Magistrat am 28. Januar 1772 beschwerdeführend an den König und überreichte ihm auch eine Abschrift der von dem Stadtgericht gegen die Instruktion geltend gemachten Bedenken.[191] Hauptgrund für die vorgetragene Beschwerde war die Tatsache, daß den Stadtrichtern durch die Einführung und Erweiterung der Jurisdiktion des Porzellan-Manufaktur-Gerichts Gebühren verlorengingen; außerdem sollte auch gleich eine Sicherheit geschaffen werden, daß diese Jurisdiktion nicht noch weiter ausgedehnt wurde. Hugo mußte dem Vorbringen der Beschwerde insofern nachgeben, als er einräumte, daß das Porzellan-Manufaktur-Gericht ausschließlich für die Jurisdiktion über die ständig bei der Manufaktur beschäftigten Ouvriers und deren Familienangehörige zuständig sei. Die nicht ständig bei der Manufaktur beschäftigten Ouvriers sollten ihren bisherigen Gerichtsstand beibehalten.[192] Das traf nicht nur auf Handwerker zu, die das eine oder andere Stück für die Manufaktur erzeugten, sondern auch auf die Tagelöhner. Auch insofern wurde die rechtliche Stellung dieser Arbeiter als nicht ständig beschäftigt und damit als nicht zur Manufaktur gehörig unterstrichen. Das hatte schließlich nicht nur Folgen für den Gerichtsstand dieser Arbeiter, sondern auch für andere Rechtsinstitute. So gab es in der Porzellanmanufaktur eine Krankenkasse und eine Sterbekasse, aus denen

---

191 Vgl. ZSTA, Dienststelle Merseburg, Rep. 9, E 16^{II}, Fasc. 5, Bl. 27–33.

192 Ebenda, Bl. 36 ff.

die Arbeiter im entsprechenden Bedarfsfalle unterstützt werden konnten.[193] Diese Unterstützung traf dann selbstverständlich nicht für die Tagelöhner zu, da sie ja nicht zur Manufaktur gehörend betrachtet wurden. Auch die Bestimmungen hinsichtlich der Unterbringung aus Alters- oder Krankheitsgründen arbeitsunfähiger Ouvriers in der Charité bzw. der Auszahlung einer wöchentlichen Unterhaltssumme von 16 Groschen an diese Arbeiter trafen somit nicht auf die Tagelöhner zu.[194] Wenn die Feststellung Benschs, „daß die Fürsorge des Königs für seine Arbeiter verhältnismäßig weitgehend und gut ausgebildet war",[195] schon insgesamt wegen der sonstigen sozialen Verhältnisse Zweifel hervorruft, ist sie hinsichtlich der Tagelöhner völlig irreführend.

3. Das Fabrikengericht

a) Gründung und Charakter

Neben den erwähnten Sondergerichten der einzelnen Unternehmen wurde für die Entscheidung von Streitigkeiten von Arbeitern anderer größerer Unternehmen die Zuständigkeit des Cammer-Gerichts bzw. des Hof-Gerichts festgelegt.[196]

Mit der zunehmenden Anzahl kapitalistischer Unternehmungen und dem damit verbundenen Ansteigen der Arbeiterbevölkerung in Berlin stieg auch die Zahl der rechtlichen Konflikte, die sich aus den kapitalistischen Arbeitsrechtsverhältnissen ergaben. Auf der einen Seite konnte und wollte der brandenburgisch-preußische Staat nicht jedem der kapitalistischen Unternehmer ein eigenes Jurisdiktionsrecht verleihen, andererseits tat aber gerade in solchen Streitfällen ein zügiges Verfahren not. So wurde schließlich 1755 zunächst für Berlin und später 1792 daneben auch in Potsdam ein gesondertes Fabrikengericht eingerichtet. Typisch auch für die Einsetzung des Fabrikengerichtes war wieder einmal eine Entscheidung in einem Einzelfall. So lautete die Order Friedrichs an die Geheimen Räte Ursinus und Kircheisen wie folgt: „Was Ihr bey geleenheit verschiedener und seit einiger Zeit her sich ereigneter Streitigkeiten, zwischen denen Entrepreneurs der dortigen Seyden- und Zuckersiederey-Fabriquen und denen Meistern und Arbeitern, wegen Arbeitslohn, oder nicht richtig verfertigter Waaren, und an-

---

193 Auguste Dorothea Bensch, a. a. O., S. 58.

194 Vgl. ebenda, S. 59.

195 Ebenda.

196 Die Rescripte vom 4. April 1791 und 10. Dezember 1792 (NCC, VO v. 1791, No. XXIII, und ebenda, VO v. 1792, No. LXXXIII) legen für die Seidenarbeiter die Zuständigkeit des Cammergerichts und das Rescript vom 26. Jan. 1733 (CCM, II. Theil, I. Abth., No. CCLXIV) bestimmt für Lagerhaus-Arbeiter, die keine Bürger sind, wie Gesellen, Strobber, Sortierer etc., die Zuständigkeit des „Kriegs-Hoff- und Criminal-Gerichts".

deren in die Fabriquen selbst einschlagender Vorfälle, gemeldet und vorgestellet habt, solches habe Ich aus Eurem deshalb erstatteten Bericht ... ersehen, Worauf ich Euch dann hierdurch, und zwar ein vor allemahl, zur Resolution ertheile, daß alle dergleichen sowohl bisher noch verwaltende als vor das künftige sich ereigende Streitigkeiten in den gleichen Fabriquen-Sachen, so lediglich den Entrepreneur und dessen Arbeiters, wegen untereinander habenden Rechnungen und Arbeit betreffen, zuforderst bey den Policey Directorio zu Berlin jedoch mit Zuziehung eines tüchtigen und unpartheyschen Kauffmanns, oder Fabricanten, und allenfalls mit Zuziehung eines Stadtsyndici als Justitiarii, gantz summarisch nach Recht und Billigkeit entschieden, auch auf den Fall, daß ein oder anderer Theil sich dabey nicht beruhigen wolte, die Acten nebst dem Bericht daran, an das 5te Departement des GeneralDirectorii, zur letztern Entscheidung eingesandt werden sollen."[197] Nach dieser Resolution war also klar, daß es in Berlin wegen der Entscheidung von Fabriken-Sachen einen besonderen Gerichtsstand gab, daß dieses Gericht mit einem königlichen Beamten, einem städtischen Juristen und einem sachverständigen Beisitzer besetzt werden mußte, daß die weitläufigen Prozeßregeln der übrigen Feudalgerichtsbarkeit keine Anwendung finden durften und daß Rechtsmittel beim General-Direktorium zugelassen waren. Hauptgegenstand der Rechtsprechung dieses Fabrikengerichtes waren ganz eindeutig Streitigkeiten, die sich aus dem Arbeitsrechtsverhältnis ergaben. Dieses Fabrikengericht ist mithin der erste Vorläufer der späteren Arbeitsgerichte – allerdings mit der Einschränkung, daß das Fabrikengericht eben nicht ausschließlich arbeitsrechtliche Streitfälle zu klären hatte, sondern auch für die Untersuchung und Entscheidung von Straftaten zuständig war. Mit der Einsetzung des Fabrikengerichts wurde schließlich nicht nur einer Forderung der Unternehmer nach einer zügigen Rechtsprechung Rechnung getragen, sondern es war gleichzeitig die logische Konsequenz, die sich aus der Weiterentwicklung der Gesetzgebung durch die Entwicklung kapitalistischer Produktionsverhältnisse ergab. Die Errichtung des Fabrikengerichtes stellte einen bedeutenden Eingriff in die städtische Gerichtsbarkeit dar. Damit wird deutlich, daß die Städte über keinerlei Macht im brandenburgisch-preußischen Staate verfügten und daß die Interessen kapitalistischer Unternehmer nicht von den Städten und ihren Bürgervertretungen, sondern vom Hochadel (in der Person des Königs) wahrgenommen wurden. Natürlich gab es auch Versuche seitens der Städte, diesem Eingriff des Königs Widerstand entgegenzusetzen. Erster Angriffspunkt war dazu die Order vom 4. 4. 1755, die bekanntlich die Rechtsstreitigkeiten in den Seidenfabriken und Zuckersiedereien zum Ausgangspunkt hatte. Vom Französischen Gericht in Berlin wurde das dann so interpretiert, daß das Fabrikengericht auch nur für diese Art von Fabriken zuständig sei. Es mußte sich jedoch schnell eines Besseren belehren lassen.[198] Die Gründungsorder enthielt noch

[197] ZSTA, Dienststelle Merseburg, Gen.-Dir., Fabr.-Dept., Tit. DXI, No. 20, Vol. 1, Bl. 2.
[198] Vgl. ebenda, Bl. 22 ff.

keine Regelungen über die Zuständigkeit des Fabrikengerichts in Strafsachen, über zu erhebende Gebühren und über die Abgrenzung zu anderen Gerichten. Regelungen zu diesen Fragen gab es erst wesentlich später.

Das Fabrikengericht war zwar ein feudales Gericht, in ihm wurden jedoch ausschließlich Streitigkeiten entschieden, die aus der kapitalistischen Produktion herrührten. Die gegeneinander streitenden Parteien waren diejenigen, die sich auch im kapitalistischen Produktionsprozeß gegenüberstanden – das sowohl hinsichtlich der Ausbeutung als auch hinsichtlich der Konkurrenz. Es wurden die Gesetze angewandt, die zum Schutz und zur Regulierung kapitalistischer Produktion erlassen worden waren. Das Fabrikengericht war schließlich ein Schutzorgan für die kapitalistischen Unternehmungen und ein Feld, auf dem Klassenauseinandersetzungen stattfanden.

Krüger bringt von diesen juristischen Auseinandersetzungen zwischen Ausgebeuteten und Ausbeutern vor dem Fabrikengericht ein beredtes Beispiel.[199] Selbstverständlich blieb das Fabrikengericht bei aller Orientierung auf kapitalistische Bedürfnisse ein Organ des Feudalstaates und diente mithin der Durchsetzung auch der feudalen Klassenziele und damit eben der Aufrechterhaltung brandenburgisch-preußischer Staatsräson. Das wird besonders deutlich in den Verfahren der Unternehmer gegeneinander beispielsweise wegen Abwerbung der Arbeitskräfte. Hier kam es besonders darauf an, das brandenburgisch-preußische Staatsinteresse an arbeitenden Unternehmungen durchzusetzen. Es war in dieser Zeit durchaus nicht im staatlichen Interesse, daß irgendwelche Betriebe durch solche Konkurrenz vernichtet wurden.

Über den Arbeitsumfang, die Arbeitsverteilung, personelle Zusammensetzung und einige Mängel geben die Akten über eine im Jahre 1797 durchgeführte Justiz-Visitation beim Fabrikengericht Auskunft.[200]

b) Besetzung und Arbeitsteilung

Dem Fabrikengericht stand als Präsident der Polizeidirektor vor. Für ihn war diese Funktion quasi eine Ehrenstellung, die er kaum wahrnahm; er erhielt dafür auch weder ein besonderes Gehalt noch andere Emolumente. Für die Wahrnehmung des Präsidiums des Fabrikengerichts fehlten dem Polizeidirektor die juristischen Kenntnisse ebenso wie die notwendige Zeit. Das wurde sowohl im Reglement von 1792[201] berücksichtigt, als auch durch die Tatsache, daß dem Polizeidirektor mit dem Stadt-Syndikus ein Jurist als erster Rat des Fabrikengerichts zur Wahrnehmung der ständigen Stellvertretung beigegeben wurde. Dieser Stadt-

---

199 Krüger, a. a. O., S. 641 f.

200 STA Potsdam, Pr. Br., Rep. 30A Berlin, Polizei-Direktorium, Tit. 369, Nr. 6.

201 Abgedruckt bei Horst Krüger, a. a. O., S. 643 ff.; vgl. insbesondere Ziff. IV., S. 644 f.

Syndikus wird in den Akten auch als „Polizey-Justitiarius" bezeichnet.[202] Er erhielt für seine Tätigkeit im Fabrikengericht ebenfalls weder ein besonderes Einkommen noch andere Nebeneinnahmen. Ferner wurden dem Fabrikengericht zwei Polizei-Stadt-Räte zugeordnet, die für ihre Tätigkeit im Fabrikengericht auch kein besonderes Entgelt erhielten. Die Hauptarbeit, nämlich die Führung der Instruktion und die Untersuchung, oblag einem der Justiz verpflichteten Assessor, der für diese Tätigkeit ein Gehalt von 150 Talern von der Haupt-Manufaktur-Kasse bezog. Zur Einleitung und Entscheidung solcher Sachen, die eine besondere Sachkenntnis erforderten, war dem Fabrikengericht ein Assessor aus dem Manufakturkollegium beigeordnet, der für diese Tätigkeit ebenfalls nicht besonders entlohnt wurde.

Ferner hatte der Präsident die Möglichkeit, aus den Fabrikantenkreisen stammende Assessoren zur Lösung von besonders verzwickten Streitfällen mit heranzuziehen. Von dieser Bestimmung wurde jedoch bis zum Tage der Justizvisitation kein Gebrauch gemacht.

Zur Begutachtung dienten dem Gericht besondere Schaumeister, die in einzelnen Fällen hinzugezogen wurden. Im Fabrikengericht arbeitete ein Protokollführer aus dem Stadtgericht, der für seine im Fabrikengericht geleistete Arbeit kein besonderes Gehalt erhielt. Allerdings sollte er aus den eingehenden Sporteln belohnt werden. Lakonisch wurde dazu im Bericht der Überprüfungskommission festgestellt, daß diese Bestimmung nicht zur Anwendung gebracht wurde. Zur Erledigung der Arbeiten wurden Ausculatoren vom Stadtgericht abgestellt, die einander quartalsweise ablösten.

Für weitere Kanzleiarbeiten waren schließlich noch ein Büroexpedient, ein Registrator und ein Kanzlist angestellt, diese waren Polizeiangehörige („Subaltern bediente"), die für den Dienst im Fabrikengericht abgestellt waren.[203]

Das Fabrikengericht war so also eine Behörde, die praktisch Beamte verschiedenster Art und Aufgaben zusammenfaßte. Besonders ins Auge fallend bei der Organisation des Fabrikengerichtes ist, daß hier von vornherein neben einer Reihe ständig beschäftigter Mitarbeiter auch Beamte vorhanden waren, die nur dann zum Einsatz kamen, wenn eine besondere Sachkenntnis gefordert wurde. Die Herkunft (im Sinne der eigentlichen Anstellung) der einzelnen Beamten des Fabrikengerichtes sorgte dafür, daß die Erfahrungen unterschiedlichster Verwaltungsbereiche des brandenburgisch-preußischen Staates in die Rechtsprechung einfließen konnten.

Gleichzeitig wurde damit aber auch einer Verselbständigung des Fabrikengerichts vorgebeugt. Außerdem gab es natürlich auch einen Informationsfluß vom Fabrikengericht zu den einzelnen Verwaltungsbehörden, der auf diese Weise ebenfalls ohne besonderen weiteren Verwaltungsaufwand gesichert werden konnte.

---

[202] STA Potsdam, Pr. Br., Rep. 30A Berlin, Polizei-Direktorium, Tit. 369, Nr. 6, Bl. 6.
[203] Zu den hier aufgeführten Arbeitsaufgaben und zur Entlohnung vgl. ebenda, Bl. 6 f.

c) Der Arbeitsumfang

Am 24. April 1797 schwebten beim Fabrikengericht insgesamt 25 Verfahren unterschiedlichster Art.[204] Von den Klagen des laufenden Monats waren noch zehn unerledigt; die übrigen schwebenden Verfahren verteilten sich nach dem Datum der Klage wie folgt:

April 1796:	1	November 1796:	1
Mai 1796:	1	Dezember 1796:	3
Juni 1796:	1	Januar 1797:	2
August 1796:	1	Februar 1797:	1
Oktober 1796:	2	März 1797:	2

Die noch nicht erledigten Klagen des laufenden Monats verteilten sich folgendermaßen auf die einzelnen Tage:

10. April 1797:	2	18. April 1797:	2
11. April 1797:	1	19. April 1797:	3
12. April 1797:	1	20. April 1797:	1

Wenn die vorhandenen Zahlen auch im Sinne eines repräsentativen Querschnitts keine hundertprozentigen Aussagen zulassen, so läßt sich doch erkennen, daß die meisten Verfahren in kurzer Zeit erledigt wurden und daß nur einzelne Verfahren über längere Zeiträume liefen; die Bearbeitungszeit einer Klage lag im Regelfall offensichtlich zwischen einer und vier Wochen. Interessant ist dabei allerdings auch, daß der Anteil von Verfahren, deren Klage älter als vier Wochen war, an den schwebenden Verfahren insgesamt immerhin 60% betrug.

Ausgehend von den vorhandenen Unterlagen kann wohl festgestellt werden, daß das Fabrikengericht mindestens zehn Verfahren im Monat zu bearbeiten hatte. Die effektive Anzahl dürfte höher, etwa bei zwanzig bis dreißig, liegen. Es muß hierbei berücksichtigt werden, daß ein Teil der Klagen des Monats April bereits entschieden gewesen sein dürfte, denn es ist wohl doch unwahrscheinlich, daß in der ersten Aprildekade keine Klage erhoben worden sein sollte. Ferner dürften für die verbleibenden Tage des Monats April mit Sicherheit noch Klagen zu erwarten gewesen sein. So ist davon auszugehen, daß das Fabrikengericht im Jahr etwa zwischen 120 und 360 Verfahren zu untersuchen und in der Mehrzahl auch zu entscheiden hatte. Die vorher angeführten Gründe und der umfangreiche Personalstamm des Fabrikengerichts sprechen allerdings eher für die höhere Zahl. Betrachtet man, von 360 Verfahren jährlich ausgehend, die unerledigten Reste eines Jahres, so zeigt sich, daß diese bei 4,2% liegen. Für die Verhältnisse feudalistischer Rechtsprechung ist das ein außerordentlich positives Ergebnis. Die vorhandenen Unterlagen geben auch hinsichtlich der Klage-

[204] Ebenda, Bl. 8 f., vgl. auch Anlage 1.

erhebung einen interessanten Einblick in die Arbeit des Fabrikengerichts und seine Nutzung zur Durchsetzung von Klasseninteressen.

Von den schwebenden 25 Klagen wurden 22 von Unternehmern eingereicht, das entspricht 88%. Werden nur die Klagen des April berücksichtigt, so wird der Unternehmeranteil etwas geringer. Von den zehn schwebenden, im April eingereichten Klagen, stammten 8 von Kapitalisten, das entspricht 80%. Diese Zahlen sprechen eindeutig dafür, daß das Fabrikengericht nicht nur als ein Instrument zur Durchsetzung des Unternehmerwillens – und damit kapitalistischer Klasseninteressen – konzipiert war, sondern daß es von den Unternehmern auch als solches erkannt und genutzt wurde. Immerhin kann aber doch auch festgestellt werden, daß es erste Versuche der Arbeiter gab, sich gegen ihre Ausbeuter zur Wehr zu setzen und ihr Recht und ihre Interessen vor Gericht zu vertreten. Daß das im Einzelfall durchaus wirkungsvoll sein konnte, zeigt Krüger am Beispiel des Rechtsstreites der Kattunfabrikanten Simon & Co. ./. die Drucker Hoderstrass et Cons., in dem die Unternehmer verpflichtet wurden, Erlassungsscheine auszustellen, was schließlich, als die Unternehmer es nicht taten, vom Gericht vollzogen wurde.[205]

Die Aufteilung der schwebenden Klagen auf einzelne Rechtszweige ergibt folgendes Bild: 7 Verfahren = 28% gehören zum Strafrecht, 72% der schwebenden Verfahren waren arbeitsrechtlicher Natur. Untersucht man in diesem Zusammenhang die älteren schwebenden Klagen, so zeigt sich hier, daß von den 15 älteren Verfahren sechs strafrechtlicher Natur sind, was einem Anteil von 40% entspricht. Von den zehn unerledigten Klagen aus dem April hingegen betrifft nur eine das Strafrecht = 10%. Der Anteil arbeitsrechtlicher Verfahren überwog also bei weitem, er darf zweifelsfrei auf 70 bis 90% an der Gesamttätigkeit des Fabrikengerichts beziffert werden. Das Fabrikengericht hatte sich also in der Hauptsache mit Arbeitsrechtssachen zu befassen.

Von den 15 von Unternehmern eingeleiteten arbeitsrechtlichen Verfahren betrafen sieben die Rückzahlung von Vorschüssen, in sieben Verfahren war das vorzeitige Verlassen der Fabrik durch den verklagten Arbeiter Verfahrensgegenstand, wobei zu beachten ist, daß in zwei Verfahren sowohl die Rückzahlung des Vorschusses als auch das vorzeitige Verlassen der Fabrik Verfahrensgegenstand waren. Die drei arbeitsrechtlichen Verfahren, die von Arbeitern eingeleitet wurden, betrafen sämtlich die Aufhebung des Arbeitsvertrages. In zwei Klagen wurde zusätzlich Lohn gefordert.

Der Gegenstand der schwebenden Verfahren läßt den Rückschluß zu, daß proletarische Arbeiter (ungelernte, unzünftige Arbeitskräfte, Tagelöhner und Hilfsarbeiter) gar nicht oder doch nur höchst selten in arbeitsrechtliche Konflikte verwickelt waren. Der Grund dafür ist sicher nicht darin zu suchen, daß ihre

---

205 Horst Krüger, a. a. O., S. 553.

Verhältnisse zufriedenstellend waren und sie konfliktfrei lebten; er ist vielmehr mit Sicherheit ihrem Ausschluß von einer Reihe von Rechten aber auch Pflichten zuzuschreiben.

d) Die Arbeitsweise

Unter Berücksichtigung des an den übrigen brandenburgisch-preußischen Gerichten üblichen schleppenden Verfahrens war die Prozeßführung vor dem Fabrikengericht im Regelfall ausgesprochen unkonventionell und flüssig. An dieser grundsätzlichen Aussage können auch einige die Prozeßbeschleunigung beeinträchtigende Mängel und die vorhandenen Reste nichts ändern. Die Arbeit des Fabrikengerichts stellte geradezu den Modellfall für eine zügige Rechtsprechung dar und war auf diesem Gebiet gewissermaßen bahnbrechend. Es zeigt sich, daß nicht nur das materielle Recht den Notwendigkeiten der jeweiligen Produktionsweise angepaßt wird, sondern daß das gleichermaßen auch für das Prozeßrecht gilt.

Ein Beispiel für die summarische Arbeitsweise, bei der alle Weitläufigkeiten und jedes Zuviel an Formularen und Akten vermieden wurde und die vor allen Dingen auf die zeitaufwendige Aktenversendung weitestgehend verzichtete, gibt uns das Verfahren Hovelac ./. Blain.[206] Das Protokoll umfaßt dreieinhalb Seiten und enthält bereits die Entscheidung des Rechtsstreits.

e) Mängel in der Arbeit

Die außerordentliche Justizvisitation bei dem Fabrikengericht stellte einige Abweichungen von den geltenden Verfahrensvorschriften fest.

Die Untersuchungskommission bemängelte vor allem Fehler, die der Hauptabsicht des Reglements vom 23. 12. 1792 zuwiderliefen und das Prinzip der Verfahrensbeschleunigung verletzten. Die Kommission rügte in diesem Zusammenhang, daß alle notwendigen Prozeßverfügungen vom Fabriken-Justiz-Assessor vollzogen worden wären. Auch die ausschließlich mündliche Ladung der Parteien fand das Mißfallen der Visitationskommisson. Es wurde in diesem Zusammenhang vor allen Dingen darauf hingewiesen, daß Terminwiederholungen wegen des Nichterscheinens der Parteien die logische Folge daraus waren – zumal die Parteien nicht nachweislich über die Folgen des Nichterscheinens belehrt worden waren. Es wurde verlangt, daß Ladungsvordrucke in Anwendung zu bringen seien.

Die Frist bis zur Ansetzung eines Termins sollte bei 14 Tagen liegen und eine Verlängerung nur bis zu 8 Tagen zugelassen werden. Sollten in einer kompli-

---

206 ZSTA, Dienststelle Merseburg, Gen.-Dir., Fabr.-Dept., Tit. DXI, No. 20, Vol. 1, Bl. 40 f.

zierten Sache mehrere Termine notwendig sein, könnten diese sofort mit beiden Parteien festgelegt werden. Es wurde ausdrücklich betont, daß der nächste Termin auch am folgenden Tag stattfinden könne.

Den Boten sollten die Akten nicht mehr zur Vorladung der Parteien übergeben werden. Für die Einleitung der Verfahren wurde mehr Umsicht verlangt. Es wurde in diesem Zusammenhang gerügt, daß bei einem Streit mit einem Streitwert von ca. 8 Groschen ein Eid abgenommen wurde, der überhaupt unnötig war, da ausreichendes objektives Beweismaterial vorhanden gewesen war.

Trotz Gebührenfreiheit in Verfahren mit einem Streitwert unter 100 Talern mußten in Verfahren mit einem Streitwert über 30 Talern die notwendigen (gebührenpflichtigen) Stempel beigebracht werden. Schließlich wurde gerügt, daß in einer Diebstahlsangelegenheit, wo der Wert des entwendeten Garns 20 Taler betrug, das Urteil vom Fabrikengericht selbst abgefaßt wurde. Dieses Recht stand dem Fabrikengericht nur bis zu einem Schadenswert in Höhe von 10 Talern zu. Abschließend wurden dem Fabrikengericht Hinweise zur besseren Aktenführung gegeben.

Zusammenfassend kann festgestellt werden, daß die Visitationskommission offensichtlich mit dem Inhalt der Rechtsprechung des Fabrikengerichtes einverstanden war. Hier enthält die Akte weder Kritiken noch andere Hinweise. Es waren vor allem Formmängel, die die Kritik der Kommission gefunden hatten. Die Grundhaltung, von der sich die Untersuchungskommission leiten ließ, ist, daß alle Momente, die einer Verfahrensbeschleunigung vor dem Fabrikengericht entgegenstanden, zu beseitigen waren. Die Kommission selbst faßte diese Maxime in folgende Worte: „Den Arbeitern ist jede Stunde Versäumnis mehrer empfindlicher Verlust, und daher sind ihnen Gänge und Termine möglichst zu ersparen."[207]

4. Die „Fabriquen-Commission" in Potsdam

In seinem Buch „Vollständige Abhandlung von denen Manufacturen und Fabriken"[208] begründete Johann Heinrich Gottlob von Justi im Jahre 1758 die Notwendigkeit, die „Manufacturiers" von Anfang an von der ordentlichen Gerichtsbarkeit auszunehmen und besondere Manufaktur- oder Fabrikengerichte zu gründen, die über eine spezielle Sachkenntnis verfügten und eine Abkürzung

---

207 STA Potsdam, Pr. Br., Rep. 30A Berlin, Polizeidirektorium, Tit. 369, Nr. 6, Bl. 15.

208 A. a. O., S. 233 ff., offenbar stützte sich Justi in seinem Buch auf Erfahrungen des Berliner Fabrikengerichts, welches ja bereits 1755 gegründet wurde. Daß sich diese Auffassung aber nur sehr langsam durchsetzte, scheint z. B. die Tatsache zu beweisen, daß Justi die Forderung nach Fabrikengerichten in seinem Buch „Grundsätze der Policeywissenschaft" im Jahre 1782 wiederholt (a. a. O., S. 154 f.).

des Verfahrens garantierten. Eine Vorstufe des Fabrikengerichts stellt offenbar die Fabriken-Kommission von Potsdam dar. In ihrer Instruktion vom 24. August 1771 heißt es zu ihren diesbezüglichen Aufgaben: „§ 2 Da die Fabriquen-Commission den guten Fortgang, oder das Etablissement derer Fabriquen zum Vorwurf, keineswegs aber (ohne anderweitige expresse Ordre) eine Gerichtsbarkeit über die in denen Fabriquen arbeitenden Ouvriers hat: so versteht es sich von selbst, daß alle Streitigkeiten derer Fabrikanten unter sich und mit anderen, in so fern sie nicht das Fabriquen-Wesen unmittelbar betreffen, zum Ressort derer Magistrats-Gerichte gehören, z. E. die Injurien-Sachen der Fabrikanten und Ouvriers u. s. f. dagegen alle Beschwerden derer Fabrikanten und Ouvriers, die unmittelbar das Fabriquen-Wesen angehen, zur Cognition der Commission gehören. Zum Exempel die Beschwerden, die Ouvriers und Fabrikanten gegen ihren Entrepreneur und dergleichen haben."[209] Das heißt nichts anderes, als daß die Fabriken-Kommission von Potsdam die Rechtsprechung in Arbeitsrechtssachen wahrzunehmen hatte! Das war demnach eine Übergangslösung zur Jurisdiktion des späteren Fabrikengerichts. Gleichzeitig zeigt diese Lösung für Potsdam einmal mehr, wie vielfältig und abgestuft in dieser Übergangszeit vom Feudalismus zum Kapitalismus die vom Kapitalismus auf die Tagesordnung gesetzten Rechtsfragen gelöst wurden. Interessant ist übrigens auch der Vorbehalt, daß die Gerichtsbarkeit der Fabriken-Kommission durch „anderweitige expresse Ordre" durchaus auch ausgedehnt werden konnte!

[209] NCC, Nachtrag der VO zum Jahrgang 1775, No. II, Spalten 449/450.

ZWEITES KAPITEL

Die strafrechtliche Stellung und Behandlung der Arbeiterschaft

I. Allgemeine Zustände

Seit 1532 galt – auch auf brandenburgischem Territorium – die Peinliche Hals-Gerichts-Ordnung Kaiser Karls V. (lat. Constitutio Criminalis Carolina – CCC). Sie entstand im Zuge der Bestrebungen um die Festigung der kaiserlichen Zentralgewalt gegenüber den deutschen weltlichen und geistlichen Territorialfürsten und als Ausdruck des grundlegenden Widerspruches zwischen der Klasse des Adels und der der Bauern.

Im Verhältnis zu der Zeit vor ihrem Inkrafttreten stellte die Carolina eine bedeutende Weiterentwicklung auf dem Gebiet des Strafrechts und Strafprozesses dar. Insbesondere setzten sich Fortschritte im Beweisrecht durch. Hier wurden die Ordalien beseitigt, der Indizienbeweis ausdrücklich zugelassen, Beweisregeln aufgestellt, die Beweiskraft festgelegt und die Beweislast geregelt. Die Carolina räumte auch – zumindest gesetzgeberisch – mit üblen Gebräuchen der Richter auf. Es wurde mit ihr ein allgemeines, im gesamten Reich geltendes Strafrecht geschaffen.

Die Territorialfürsten hatten aber durch die Salvatorische Klausel in der Vorrede zur Carolina die Möglichkeit, „an ihren alten wohlherbrachten rechtmessigen und billichen gebreuchen“[210] festzuhalten. Sie nutzten dieses Recht nicht nur, um an alten Gebräuchen festzuhalten, sie verstanden es auch so, in der Auseinandersetzung mit den Bauern und in den Kämpfen mit den Städten und Angehörigen des ländlichen Adels neue, ihnen genehme Verordnungen erlassen zu können.

Von diesem Recht machten auch – mit wachsender Stärke des brandenburgisch-preußischen Staates – die Hohenzollern-Fürsten zunehmend Gebrauch. Im Verein mit landesherrlichen Verordnungen war die Carolina ein probates Mittel zur Durchsetzung des Willens der herrschenden Adelsklasse. Durch die Folter ließ sich noch jedes Geständnis erpressen,[211] das um so mehr, als ja das Verfahren

---

[210] Die peinliche Gerichtsordnung Kaiser Karls V., herausgegeben von Gustav Radbruch, S. 12.

[211] Christian Thomasius, Über die Folter, Weimar 1960; er schreibt hier: „Die unmensch-

nicht öffentlich war, und der Richter zu einem fast unumschränkten und willkürlichen Herrscher in jedem Strafprozeß werden konnte. Der öffentliche Teil des Verfahrens, der endliche Gerichtstag, war eine bloße Zeremonie. Hier wurden die bereits gehörten, geprüften und auch rechtlich bewerteten Beweise und Gegenbeweise nur noch abgefragt. Keine Seite hatte mehr die Möglichkeit, noch wirksam neue Beweise vorzubringen, auch der Widerruf eines Geständnisses war hier ohne Wirkung, denn das Urteil, das ja nicht der Richter, sondern eine juristische Fakultät oder ein Schöppenstuhl sprach, stand fest und wurde nur noch verkündet.

Willkür und Prozeßverschleppung beherrschten überall die Rechtspflege. Justi schrieb hierzu: „Die Richterstuben, welche eine Zuflucht der Unrechtleidenden und ein Schutz der Bedrängten seyn solten, sind zeither fast überal durch die unermeßlichen Geldkosten und die Langwierigkeit der Processe der Ort geworden, wo sie vollends ihren gewissen Ruin und Bettelstab gefunden haben. Die Processe haben sich in den Richterstuben verewigt; und in den Familien sind sie vor mehr als etlichen Zeugungen, als ein unglückliches und verzehrendes Erbtheil hinterlassen worden, das endlich den gewissen Untergang der Familien nach sich gezogen hat. Richter und Advocaten haben die Unterthanen ungestraft, und sogar mit Beyfall der Rechte und Gerichtsordnungen aussaugen können; und die Ränke der Advocaten, die Sache zu verleiern und die Armen von Erlangung ihres Rechtes abzuhalten, haben darinnen unzählige Schlupfwinkel gefunden."[212] Wenn Justi hier auch offensichtlich auf die Zivilprozesse abzielt, so herrschten doch auch im Strafrecht die gleichen Zustände. Wie schwer es war, diesen langeingeschliffenen Mißständen in der Rechtspflege zu begegnen, zeigt die Fülle von Verordnungen, die in Brandenburg-Preußen zur Verbesserung der Rechtspflege, vor allem aber zur Abkürzung der Verfahren, erlassen wurden. Daß es notwendig war, den Richtern zum Teil mit erheblichen Geldstrafen für Prozeßverschleppungen zu drohen, unterstreicht diese Feststellung einmal mehr.[213] Obwohl die Carolina den Akkusationsprozeß als Hauptverfahrensart in Strafsachen vorsieht, hat sich der Inquisitionsprozeß auch in Brandenburg-Preußen durchgesetzt. Mit der Criminalordnung von 1717 wurde der Inquisitionsprozeß zur alleinigen Prozeßform im Strafverfahren, das stellte eine bedeutende Weiterentwicklung gegenüber der Carolina dar. Die Strafverfolgung wurde zur ausschließlichen

liche Folter ebnet . . . den höchsten Herrschenden den Weg, ihre Verbrechen sicher ausführen zu können. Ein geläufiges Mittel, sich rechtmäßig oder unter dem Deckmantel der Gerechtigkeit von der Gegenwart lästiger Feinde zu befreien." S. 167 (siehe aber auch S. 153 und 165).

[212] Johann Heinrich Gottlob von Justi, Historische und juristische Schriften, Frankfurt und Leipzig 1760/61, 1. Band, S. 267 f.

[213] So z. B. das Edict vom 9. 1. 1736, CCM, II. Theil, III. Abth., Nr. LXXVI; das Mandatum vom 4. 10. 1737, I. Cont. CCM, VO v. 1737, No. LIX; das Rescript vom 22. Juni 1738, ebenda, VO v. 1738, No. XXXII.

staatlichen (obrigkeitlichen) Angelegenheit.[214] Obwohl Friedrich Wilhelm I. am 27. Februar 1716 noch ausdrücklich auf die Anwendung eines besonderen Folterinstrumentes, den „gespickten Hasen", hinwies,[215] wurde mit der Criminalordnung von 1717 in der Anwendung der Tortur größte Behutsamkeit und Sorgfalt angeordnet, der Inquisit sollte keinen bleibenden Schaden davontragen.

Bis zu Beginn des 18. Jahrhunderts herrschten die Leibes- und Lebensstrafen vor, auch Geldstrafen der vielfältigsten Art waren bekannt. Relativ unentwickelt waren die Verhängung und der Vollzug von Freiheitsstrafen – und dort, wo sie angewandt wurden, dienten sie hauptsächlich der Isolierung der Inhaftierten.[216] Der Hauptzweck der Strafe wurde im Ergebnis von allen herrschenden Hohenzollern-Fürsten in der generellen und speziellen Abschreckung gesehen. Die Standpunkte der Kurfürsten und Könige sind zwar philosophisch unterschiedlich nuanciert begründet, sie stimmen jedoch darin überein, daß sie die Straftaten nicht auf ihre sozialen Wurzeln und damit auf ihre objektiven Ursachen, sondern auf die Bösartigkeit der Menschen oder den Bruch des „Gesellschaftsvertrages", also auf subjektive Faktoren allein, zurückführen.[217]

Es entspricht ganz dieser Position, wenn Friedrich II. schreibt: „Die Sittengesetze sind Dämme, die man dem Laster entgegensetzt. Man muß ihnen also durch Furcht vor Strafe Respekt verschaffen."[218] Rund dreißig Jahre später heißt es an anderer Stelle: „Gilt es ein Verbrechen zu verhüten, das jemand begehen will, so findet man ein Abschreckungsmittel in den Gesetzen, die es bestrafen. Man muß dann den Selbsterhaltungstrieb jedes Menschen wachrufen und ihn den schlimmen Absichten entgegenstellen, die ihn der strengsten Strafen, ja dem Tode aussetzen."[219] Allerdings hatte dieser preußische König wenigstens

---

[214] Vgl. CCM, II. Theil, III. Abth., No. XXXII.

[215] Der Text dieses königlichen Bescheids lautet: „Wie ihnen denn auch erinnerlich seyn wird, was gestalt Wir durch ein unterm 30. Octobr. 1703 publicirten Edict verordnet, daß hiernächst und in sonderheit bey verstockten und frechen Überthätern wann die Wahrheit nicht heraus zu bringen, in dem anderen Grad der Tortur, über die in unserer Magdeburgischen Policey-Ordnung C. 61 § 2 benanndte Arten der Marter noch ein Tortur-Instrument, der gespickte Haase genanndt, zu Herausbringung der Wahrheit von denen Peinigern gebraucht werden solle ..." (STA Magdeburg, Rep. A 5 b I Tl – Acta Tortur und gespickten Hasen betreffend).

[216] Eberhard Schmidt, Entwicklung und Vollzug der Freiheitsstrafe in Brandenburg-Preußen bis zum Ausgang des 18. Jahrhunderts, in: Abhandlungen des kriminalistischen Instituts an der Universität Berlin, 3. Folge, 2. Band, 2. Heft.

[217] Ferdinand Willenbücher, Die strafrechts-philosophischen Anschauungen Friedrichs des Großen, in: Strafrechtliche Abhandlungen, Heft 56, S. 25.

[218] Friedrich II., Über die Gründe, Gesetze einzuführen und abzuschaffen in: Die Werke Friedrichs des Großen, a. a. O., Bd. 8, S. 31.

[219] Friedrich II., Die Eigenliebe als Moralprinzip in: Die Werke Friedrichs des Großen, a. a. O., Bd. 8, S. 51.

theoretisch bereits auch bestimmte Einsichten über objektive Kriminalitätsursachen gewonnen, ohne dem freilich allzu durchgreifend wirksame praktische Maßnahmen folgen zu lassen. 1749 schrieb er – unter dem Gesichtspunkt der Wahrung der Verhältnismäßigkeit zwischen Delikt und Strafe: „Zwischen dem Schicksal eines Reichen und eines Armen gähnt eine Kluft. Jener strotzt von Gütern und schwimmt im Überfluß. Dieser ist vom Glück verlassen und entbehrt selbst das Nötigste. Wenn nun ein Unglücklicher, um sein Leben zu fristen, ein paar Goldstücke, eine goldene Uhr oder ähnliche Kleinigkeiten einem Manne entwendet, der bei seinem Reichtum den Verlust gar nicht merkt, muß dieser Unglückliche dafür mit dem Tode büßen? Ist es nicht ein Gebot der Menschlichkeit, eine so übertriebene Strafe zu mildern? Offenbar haben die Reichen jenes Gesetz gemacht. Hätten nun die Armen nicht das Recht, zu sagen: ‚Warum erbarmt man sich nicht unseres kläglichen Loses? Wäret ihr mitleidig und menschlich, so stündet ihr uns in unserem Elend bei, und wir würden euch nicht bestehlen. Sagt selbst: ist es wohl billig, daß alles Glück in der Welt nur für euch da ist und daß alles Unglück uns niederdrückt?'"[220]

Friedrich II. sah in der preußischen Gesetzgebung einen Mittelweg; für einfachen Diebstahl wurden Gefängnisstrafen angewandt. Wie sehr allerdings die Abschreckungstheorie in seinem strafrechtlichen Denken verwurzelt war, zeigt die Tatsache, daß er zwar am 3. Juni 1740 die Tortur mit Ausnahme des crimen laesae Majestatis, des Landesverrates und großer Morde mit vielen Opfern oder gruppenweiser Begehung abschaffte, gleichzeitig allerdings verordnete, daß die Aufhebung nicht publik gemacht werden sollte, da er offensichtlich eine Zunahme von Straftaten befürchtete.[221]

Das ändert natürlich im übrigen nichts daran, daß die Abschaffung der Folter eine das Strafrecht der damaligen Zeit revolutionierende Tat war. Schließlich wurde nicht nur die unbegründete Quälerei vieler – oftmals zu unrecht – Beschuldigter aufgehoben, was allein von der humanitären Wirkung her schon bedeutsam wäre, es wurde gleichzeitig auch der Schwerpunkt des strafrechtlichen Beweises vom Geständnis auf andere Beweismittel verlagert. Gänzlich abgeschafft worden ist die Tortur dann 1754.[222] Allerdings verzichteten die brandenburgisch-preußischen Richter damit noch keineswegs auf Zwangsmittel zur Erreichung eines Geständnisses – das zeigen schließlich Wiederholungen des Verbotes des Schlagens von Gefangenen am 18. November 1756 und am 4. Oktober 1766.[223]

Die Kurfürsten und Könige Brandenburg-Preußens zeichneten sich auch durch ihr unmittelbar persönliches Verhältnis zum Recht und zur Rechtsprechung aus.

---

220 Friedrich II., Über die Gründe, Gesetze einzuführen oder abzuschaffen, a. a. O., S. 33.

221 Ferdinand Willenbücher, a. a. O., S. 55 f.

222 Die zur Abschaffung der Folter ergangenen Ordres sind bei Willenbücher, a. a. O., S. 49 ff. in den Fußnoten abgedruckt.

223 NCC, VO v. 1756, Nr. CVI und NCC, VO v. 1766, Nr. 81.

Geradezu typisch für diese Zeit sind mittelbare und unmittelbare Eingriffe in die Rechtsprechung. Das zeigt, daß die Hohenzollern durchaus das Recht als ein ihnen zur Verfügung stehendes Machtmittel begriffen und auch entsprechend anwandten. Sie betrieben im großen Stil, das, was auf den Gütern die Gutsherren auch taten, nämlich feudale Machtausübung mit den Mitteln des Rechtes.

Während noch zu Beginn des 18. Jahrhunderts die landesherrlichen Machtsprüche als ein aus der obersten Gerichtshoheit des Monarchen entspringendes selbstverständliches Recht zur Korrektur von Gerichtsentscheidungen angesehen wurden, setzte sich gegen Ende des Jahrhunderts unter dem Einfluß bürgerlicher Wissenschaftler die Überzeugung durch, daß es sich hierbei um einen unerlaubten Eingriff in die ordentliche Gerichtsbarkeit handele. Zunächst galt das in der Hauptsache für Zivilrechtsentscheidungen, später auch im Strafrecht.[224] Wenngleich das Zurückdrängen der Machtsprüche als Fortschritt bewertet werden kann, darf das nicht darüber hinwegtäuschen, daß auch ohne das unmittelbar persönliche Zutun des Monarchen in den Feudalgerichten auch Feudalmacht ausgeübt wurde, zumal wenn man bedenkt, daß die Richter das von den Kurfürsten und Königen gesetzte Recht anzuwenden hatten. Die Rechtsprechung wurde von den brandenburgisch-preußischen Monarchen sehr gut als ein Teil der staatlichen Gewalt begriffen. Von daher erklärt sich auch ihr sehr persönliches Verhältnis zur Jurisdiktion.

Ob Machtsprüche oder Rechtssprüche – in jedem Fall wurde die staatliche Gewalt mit äußerster Konsequenz zur Aufrechterhaltung der Adelsmacht und zur Vergrößerung der Hohenzollernschen Hausmacht verwandt. Das spiegelt sich in der Legislative, in der Jurisdiktion und in der Exekutive gleichermaßen wider. Als Beispiel sei hier auf die Bestrafung des Diebstahls an landesherrlichem Eigentum verwiesen. Während im Edikt vom 22. 1. 1683 der Diebstahl kurfürstlichen Silbergeschirrs mit einem Wert unter 20 Talern mit einer Geldstrafe in Höhe des dreifachen Wertes des gestohlenen Geschirrs, ersatzweise mit scharfem Staupenschlag und Landesverweisung, bei einem Wert von über 20 Talern den Männern der Tod durch den Strang und den Frauen der Tod durch das Schwert ersatzweise eine Geldstrafe in Höhe des fünffachen Wertes des gestohlenen Geschirrs und eine weitere willkürliche Strafe angedroht wurde,[225] wurde ein Jahr später, am 12. 1. 1684 die Strafe geschärft und bei Einbrüchen ohne Ansehen der Person und des Wertes des Diebesgutes die Todesstrafe angedroht.[226] Am 16. Oktober 1696 erfolgte eine Erneuerung dieser Strafbestimmungen mit einer Verschärfung dahingehend, daß für Frauen für den Vollzug der Todesstrafe neben

[224] Eberhard Schmidt, Rechtssprüche und Machtsprüche der preußischen Könige des 18. Jahrhunderts, in: Berichte über die Verhandlungen der Sächsischen Akademie der Wissenschaften zu Leipzig, Philologisch-historische Klasse, 95. Band, 1943, 3. Heft.

[225] CCM, II. Theil, III. Abtheilung, No. X, Spalten 15 ff.

[226] Ebenda, Nr. XII, Spalten 19/20.

dem Schwert das Säcken (Ertränken) angedroht wurde.[227] Derartige Diebstähle wurden dann in der Praxis auch im Verhältnis zum eigentlichen Wert des Diebesgutes sehr hart bestraft. So hatte sich zum Beispiel vor dem Berliner Hof- und Criminalgericht im Jahre 1733 Louise Schmol wegen des Diebstahls eines silbernen Tellers aus dem Schlosse Monbijou zu verantworten. Obwohl während einer Haussuchung der von ihr gestohlene Teller gefunden worden war und sie auch ein volles Geständnis abgelegt hatte, wurde sie im Untersuchungsstadium mit dem zweiten Grad der Folter belegt, um eventuell zu erfahren, ob sie möglicherweise weitere Diebstähle begangen habe. Nach dem Urteil des Gerichtes ist „von ihr aber nicht das geringste eingestanden worden". Das Straferkenntnis lautete: „... daß dannenhero die Inquisitin Louisa Hesin verehel. Schmoln des begangenen Schloßdiebstahls halber inhalts der Königl. Edikten de Ao: 1683, 1684 & 1696 mit dem Schwerdt vom Leben zum Tode zu richten. Es wollten dann Ew. Königl. Maj. aus Landes-Väterlicher Gnade und Huld in Erwegung daß das gestohlene Silber restituiret, ihr das Leben schenken und sie dagegen mit Sechs Jähriger Zuchthauß-Arbeit belegen laßen."[228] Zunächst bestätigte Friedrich Wilhelm I. das Todesurteil. Später begnadigte er die Verurteilte zu lebenslanger Zuchthausarbeit. Er kümmerte sich dabei sehr wenig um den Rat und die Rechtsauffassung seiner Juristen, die offenbar eine Freiheitsstrafe von sechs Jahren für angemessen gehalten haben. Die mehrfachen Entlassungsgesuche der inhaftierten Frau, die sowohl von der Anstaltsleitung des Spandauer Zucht- und Spinnhauses als auch von dem dafür zuständigen Geistlichen nachdrücklichst befürwortet wurden, konnten den König nicht erweichen. Selbst hohe Staatsbeamte verwandten sich für die Verurteilte – jedoch ohne jeden Erfolg. So erhielt im Oktober 1739 der Etatsminister von Broich zur Resolution, „daß die auf Lebenszeit zum Zuchthauß condemnirte Schloßdiebin Schmolin, da sie den Galgen verdienet, sitzen bleiben soll."[229] 1747 wagten die Minister einen erneuten Vorstoß; Friedrich II. war jetzt König. In ihrem Schreiben ließen sie respektvoll aber deutlich durchblicken, daß sie die Entscheidung Friedrich Wilhelm I. für ungerecht hielten, vorwurfsvoll erinnerten sie den König daran, daß Louise Schmol bereits seit dreizehn Jahren im Gefängnis schmachtete. Der König selbst schrieb an den Rand des Ministergesuches: „sol los sein", damit hatte die Inhaftierte, die inzwischen Witwe geworden war, ihre Freiheit endlich wieder. Allerdings belehrte der König seine Beamten: „in francreich hangt man haus Dibe, ist also 10 Jahr prison nicht damit zu Comparieren".[230]

Ein weiteres Beispiel für die straffe Durchsetzung brandenburgisch-preußischer Staatsinteressen gibt das „Edict wieder die Dieberey und Veruntrauung bey

---

227 Ebenda, Nr. XVIII, Spalten 33/34.

228 ZSTA, Dienststelle Merseburg, Allg. Verw. Rep. 9 C 6 c 2, Fasc. 13, Bl. 22v, 23.

229 Ebenda, Bl. 46.

230 Ebenda, Bl. 51.

denen Königlichen Proviant-Magazins, und daß derjenige, welcher darwieder wissentlich handelt, wann das gestohlene oder veruntraute unter Zehen Thaler ist, mit dem Staupenschlag und ewiger Karre, wann es aber über Zehen Thaler sind beläuft, mit dem Strange bestrafet werden soll, ohne Unterscheid, ob es ersetzet werden könne oder nicht" vom 15. Dezember 1739.[231]

Selbstverständlich waren auch die Arbeiter der kapitalistischen Produktionseinrichtungen Brandenburg-Preußens als Untertanen diesen allgemeinen Zuständen und Bedingungen unterworfen. Auch sie gehörten zu den unmittelbaren Adressaten des feudalen Strafrechts, das um so mehr dann, wenn sie zu der proletarischen Schicht der Arbeiterschaft gehörten, deren Bedrückung besonders groß, deren soziale Lage besonders schlecht und deren Not und Lebensmühsal besonders bitter war.

II. Der Einfluß des sich entwickelnden Kapitalismus auf das brandenburgisch-preußische Strafrecht

1. Der Einfluß auf die feudale Gesetzgebung hinsichtlich der Zwangsarbeit

Gleichlaufend mit der Entwicklung kapitalistischer Produktionsunternehmungen läßt sich für Brandenburg-Preußen auch eine Veränderung des Strafrechts verfolgen, die ihre Ursachen offenbar in den Bedürfnissen der kapitalistischen Produktionsverhältnisse hatte. Diese Entwicklung des Strafrechts machte sich vor allen Dingen im Verhältnis des Staates zum Täter bemerkbar. Während das Feudalstrafrecht eine ganze Liste verstümmelnder Strafen, Todesstrafen und die Landesverweisung kannte, führten die kapitalistischen Bedürfnisse dazu, daß auch die Straftäter als Arbeitskräfte entdeckt wurden. Mit Ausgang des 17. und Beginn des 18. Jahrhunderts entstanden in Brandenburg-Preußen in fast allen bedeutenderen Städten Zucht-, Spinn- und Arbeitshäuser. Sie waren regelmäßig an kapitalistische Unternehmer verpachtet[232] und gehörten zu den ersten zentralisierten kapitalistischen Produktionsunternehmungen.[233] In diesen Zwangsanstalten fanden die Unternehmer optimale Ausbeutungsbedingungen vor. Der Staat lieferte ihnen die Arbeitskräfte und sorgte auch noch nach Wunsch für eine ent-

---

[231] I. Cont. CCM, VO v. 1739, Nr. XLVIII.

[232] So wurde beispielsweise das Arbeitshaus Cüstrin an den Arbeitshausmeister und Zeug-Fabrikanten Tobias Friedrich Schielen verpachtet. (Vgl. ZSTA, Dienststelle Merseburg, Allg. Verw. Rep. 9 C 6 c 1, Fasc. 5, Bl. 42–45.); vgl. im übrigen auch: Horst Krüger, a. a. O., S. 142.

[233] Jürgen Kuczynski, Band 18, S. 22 ff.

sprechende Aufteilung nach Alter und Geschlecht. Hierfür ein Beispiel aus den Akten: Während im Juni 1734 von 223 Insassen des Spandauer Zuchthauses 28 Männer waren,[234] stieg der Männeranteil bis zum Jahre 1785 derartig an, daß sich das Direktorium des Zuchthauses am 1. 2. 1785 und abermals am 21. 8. 1785 beim Justiz-Departement wegen dieser Überbelegung beschwerte und forderte, daß bei längeren Freiheitsstrafen anstelle von Zuchthaus auf Festungsarbeit erkannt werden sollte,[235] immerhin waren im April 1785 116 Männer und im Juni auch noch 98 männliche Insassen im Spandauer Zuchthaus,[236] schließlich erfolgte am 29. 8. 1785 folgender Befehl des Königs an alle Gerichte: „Da das Directorium des Spandauischen Zucht- u. ArbeitsHauses ... angezeiget, daß die Anzahl der Züchtlinge männlichen Geschlechts sich noch nicht vermindert und nach der Verfassung des Zuchthauses es an dem nöthigen Raum fehlet, so viele Leute gehörig in Arbeit anzustellen; so befehlen wir Euch hiermit in Gnaden, bei Verbrechern, welche sich zur Gefangenschaft und Arbeit auf Jahre lang qualifizieren, alle Rücksicht dahin zu nehmen, daß solche nicht zur ZuchtHauß sondern allemahl Festungsarbeit verhältnismäßig verurteilet werden."[237] Den Inhaftierten brauchte kein Lohn gezahlt zu werden und die Beträge, die der Staat für die Verpachtung der Anstalt haben wollte, waren denkbar niedrig, und schließlich waren viele der Inhaftierten darauf angewiesen, durch hohe Arbeitsleistungen von ihrer „Besserung" Zeugnis zu legen, da sie ohne eine bestimmte Zeitangabe, eben bis zu ihrer „verspürten Besserung" in die entsprechende Anstalt verbracht wurden.

So wurde der Bettler Johann Christian Schmidt „ohne ordre undt ohne gesetzter zeit" aus dem Hospital im Juli 1706 und ebenso der Bettler George Richter im März 1707 ins Spandauer Zuchthaus gebracht. Im August 1711 wurde Sophia Wetzig „wegen ihres übell geführten Lebens" ins Zuchthaus gebracht, bei ihren Akten wurde vermerkt „hat keine gewisse Zeit". Die drei hier genannten Insassen wurden schließlich 1713 wegen offensichtlicher Besserung zur Entlassung vorgeschlagen.[238] Die Akten geben darüber Auskunft, daß neben Straftätern auch massenweise sozial entwurzelte Menschen Insassen der Zucht-, Spinn- und Arbeitshäuser waren.[239] Das entsprach aber generell der Zielstellung dieser Einrichtungen; auch in England waren nach der Bauernvertreibung und der Bettlergesetzgebung (Blutgesetze) in Übereinstimmung mit kalvinistischen Auffassungen

---

234 ZSTA, Dienststelle Merseburg, Allg. Verw. Rep. 9 C 6 c 1, Fasc. 3.
235 Ebenda, Fasc. 8, S. 1 und 7.
236 Ebenda, Fasc. 1, S. 7.
237 Ebenda, Fasc. 8, S. 9.
238 Ebenda, Fasc. 2.
239 Die Akten beweisen, daß Bettler, Prostituierte, Diebe und auch eine „verdächtige Kindsmörderin" im Zuchthaus Spandau inhaftiert waren (vgl. ZSTA, a. a. O., Fasc. 2, S. 57, 58, 60, 135, 136, 138, 139, 167, 168).

Arbeitshäuser entstanden, um die wurzellos gewordenen Menschen von der Straße zu bringen. Die Arbeitshäuser stellten ein enormes Reservoire an menschlicher Arbeitskraft dar.

Um aber nun Menschen in die Zuchthäuser zu bekommen, bedurfte es auch in Brandenburg-Preußen entsprechender gesetzgeberischer Akte. So gab es beispielsweise die Verordnung vom 18. 2. 1690 an die Magistrate der Residenzstädte und Richter in der Dorothenstadt wegen Aufbringens der Huren[240]; das Edict vom 9. Januar 1736 ordnete für Diebstähle, die in einfacher Begehungsweise ausgeführt wurden und bei denen der Wert des Schadens unter 50 Talern lag, Festungsarbeit für die Männer und Spinnhausarbeit für die Frauen an[241]; am 5. November 1743 wurde mit einem Rescript angeordnet, daß Staupenschlag und Landesverweisung durch „Karre" und Zuchthaus ersetzt werden sollten[242]; diese Anordnung wurde am 4. 1. 1744 wiederholt[243]; eine besondere Stellung nimmt m. E. in diesem Zusammenhang das Edict vom 4. Februar 1747 ein, in welchem verordnet wurde, daß Diebe nach Verbüßen der Festungs-, Zucht- oder Spinnhausstrafe des Landes verwiesen werden sollen, sollte ein solcher Verwiesener ohne Genehmigung zurückkehren, wurde er mit lebenslänglicher Zucht- und Spinnhaus- oder Festungsstrafe bedroht, die gleiche Strafandrohung traf diejenigen Täter, die bereits mindestens zweimal wegen Diebstahls vorbestraft waren und erneut einen solchen begingen[244]; auch das erneuerte „Edict, wie die Würklichen Armen versorget und verpfleget, wie die Muthwilligen Bettler bestrafet und zur Arbeit angehalten, auch überhaupt keine Bettler geduldet werden sollen" vom 28. April 1748 sah für „bey guten Leibes-Kräften sich befindende faule Manns- oder Weibes-Personen", die der Bettelei nachgingen, Festungs- und Zucht- und Arbeitshausstrafen vor[245]; die gleiche Strafandrohung wurde für Diebe im Edict vom 17. Januar 1751 wiederholt[246]; auch das Avertissement vom 11. Juni 1765 sah wegen unerlaubter Neigung zur Freiheit und liederlicher Lebensart die Verurteilung zum Arbeitshaus vor[247]; auch die Armen- und Bettel-Verordnung vom 16. Dezember 1773 drohte die Verurteilung zum Arbeitshaus

[240] ZSTA, Dienststelle Merseburg, Allg. Verw. Rep. 9 C 6 c 2, Fasc. 1, S. 5.

[241] CCM, II. Theil, III. Abtheilung, No. LXXV.

[242] II. Cont. CCM, VO v. 1743, No. XLIV.

[243] STA Magdeburg, Rep. A 5 b I S 1.

[244] III. Cont. CCM, VO v. 1747, No. V.

[245] STA Potsdam, Pr. Br., Rep. 30A Berlin, Polizeidirektorium, Tit. 12, Vol. 1, Nr. 79, Bl. 19v. Ähnliches verordnete bereits schon das „Edict, daß alle Müßiggänger und Bettler, so zur Arbeit und Spinnerey tüchtig, dazu angewiesen, die Wiederspenstigen aber ins Zucht- und Spinnhauß zum Behuf der Manufacturen und Fabriquen gebracht werden sollen" v. 11. 6. 1687 in: CCM, V. Theil, V. Abth., I. Cap., Nr. XXV.

[246] NCC, VO v. 1751, No. IX.

[247] STA Potsdam, Pr. Br., Rep. 30A Berlin, Polizeidirektorium, 140, Nr. 1, Vol. III, Bl. 116.

für arbeitsfähige Bettler an, die Dauer wurde gestaffelt, beim ersten Mal sollte der Aufenthalt drei Monate, im Wiederholungsfall ein Jahr und bei weiterer Wiederholung für längere Zeit, gegebenenfalls lebenslang sein[248]. Diese wenigen Beispiele zeigen bereits sehr anschaulich, daß auch mit der Hilfe des Strafrechts das Arbeitsvermögen der brandenburgisch-preußischen Untertanen aufgeschlossen werden sollte. Dabei fällt zunächst ins Auge, daß mit der kapitalistischen Produktionsentwicklung ein allgemeiner strafrechtlich gestützter Arbeitszwang für die nicht vermögenden Volksschichten eingeführt wurde. Zum anderen wurden die verschiedensten Formen der Freiheitsstrafe mit der Ausnutzung der Arbeitskraft der Inhaftierten verbunden; sogar für Untersuchungshäftlinge wurde die Zwangsarbeit eingeführt.[249] Während in den Verordnungen zur Begründung der Zwangsarbeit allgemein rechtliche und moralische Vorstellungen angegeben werden, wie: „damit er (der Straftäter – H.-P. Z.) nicht herumlauffen und mehr Übelthaten ausüben könne“[250] oder: „weil der geschäftslose, müßige, unthätige Aufenthalt in den Gefängnissen nur dazu dient, den Hang zum Müßiggang zu vermehren, den moralischen Charakter der Gefangenen noch mehr zu verderben“[251], weisen sowohl Justi wie auch Johann Beckmann, der die dritte Ausgabe Justis Buch, Grundsätze der Policeywissenschaft, betreute, auf die ökonomischen Fragen hin, die eine Ablösung der Landesverweisung durch Zwangsarbeit in den entsprechenden Anstalten als richtig erscheinen ließen. So schrieb Justi: „Die Landesverweisung ist eine Art der Bestrafung, die nichts weniger als der Wohlfarth des Staates gemäß ist. Wenn sie bey dem Ehebruch, bey Todtschlägen, da der Todtschläger einige Schuld hat, und bey anderen Verbrechen, da noch Besserung zu hoffen ist, verfüget wird; so verliehret das Land nützliche Einwohner.“ Beckmann schrieb genau an dieser Stelle als Anmerkung: „Gefängnißstrafen und bey dem Pöbel der zeitige oder beständige Vestungsbau sind sowohl der Wohlfarth des Staates gemässer, als auch ungleich wirksamere Strafen.“[252]

Den dargestellten ökonomischen Zusammenhängen ist es m. E. auch hauptsächlich mitzuverdanken gewesen, daß in Brandenburg-Preußen bereits 1717 die Anwendung der Folter erheblich eingeschränkt und insbesondere darauf hingewiesen wurde, daß die Sehnen nicht verletzt werden dürfen, daß der Gefolterte nach der Tortur nicht lahm bleiben und auch keinen bleibenden Schaden an Leib und Gesundheit zurückbehalten dürfe.[253] Hier ging es also offenbar um

---

[248] NCC, VO v. 1774, No. LXV.

[249] Vgl. VO v. 22. Oktober 1799, in: STA Potsdam, Prov. Br. Rep. 19, Steuerrat Potsdam, Generalia, III G No. 30, Bl. 20.

[250] STA Magdeburg, Rep. A 5 b 1, S. 1.

[251] STA Potsdam, Pr. Br., Rep. 19, Steuerrat Potsdam, Generalia III G No. 30, Bl. 20.

[252] Johann Heinrich Gottlob von Justi, Policeywissenschaft, a. a. O., S. 96.

[253] Vgl. in diesem Zusammenhang: Criminal-Ordnung vor die Chur- und Neumarck vom 8 ten Julii 1717, in: CCM, II. Theil, III. Abtheilung, No. XXXII.

die Erhaltung der Arbeitsfähigkeit der Gefangenen, die ja selbst bei Erreichung eines Geständnisses und der damit verbundenen Bestrafung für den brandenburgisch-preußischen Staat von hohem Wert war!

Neben den geschilderten gesetzlich geregelten Strafandrohungen von Zucht-, Spinn- und Arbeitshausstrafe gab es schon sehr früh auch Einzelentscheidungen zu dieser Frage. Beispielsweise ordnete Friedrich III. am 10. 8. 1691 an, daß die wegen Blutschande verurteilte Maria Emerentia Günther anstatt mit ewiger Landesverweisung bestraft zu werden, sechs Jahre im Spinnhaus arbeiten sollte.[254] Derartige Einzelentscheidungen waren wegen ihres Präjudiz-Charakters von besonderer Bedeutung.

2. Die Herausbildung neuer Strafrechtsnormen

Während die bisher geschilderten gesetzgeberischen Aktivitäten zwar ihre wesentliche Ursache in den sich entwickelnden kapitalistischen Produktionsverhältnissen hatten, riefen sie doch zunächst im Prinzip lediglich eine Veränderung des allgemeinen brandenburgisch-preußischen Feudalstrafrechts hervor. Von den einzelnen Veränderungen konnte genauso gut der Arbeiter eines kapitalistischen Produktionsunternehmens betroffen sein wie etwa der zur Zunft gehörige Geselle oder auch der leibeigene Bauer.

Das kapitalistische Ausbeutungssystem veränderte aber nicht nur feudales Recht, es schuf gleichzeitig neue Formen der Kriminalität und damit einhergehend neues, von seiner sozialökonomischen Basis her, kapitalistisch orientiertes Strafrecht. Allerdings verwirklichte es sich in dieser Zeit in Brandenburg-Preußen nur durch die „guten Dienste" des Feudalstaates.

Er übernahm es, natürlich nicht uneigennützig, sondern mit Blickrichtung auf die bessere Durchsetzung seiner Militärpolitik, den Schutz kapitalistischer Produktionsunternehmungen und Unternehmer strafrechtlich zu sichern.

Welches waren die neuen typisch kapitalistisch orientierten Straftaten? Es sind zunächst solche Verhaltensweisen gewesen, die dem kapitalistischen Privateigentum an den Produktionsmitteln adäquat sind und sich besonders deutlich im Konkurrenzkampf niederschlagen. Die Abwerbung guter, ausgebildeter Arbeitskräfte und die Auskundschaftung von Produktionsgeheimnissen gehören besonders in diesen Bereich. Das spezielle Augenmerk des brandenburgisch-preußischen Staates galt dabei natürlich den Angriffen, die von außerhalb der eigenen Landesgrenzen her unternommen wurden. Die Bestrafung der Abwerbung, die Einführung des Paßzwanges und die Vereidigung solcher Arbeiter, die entweder mit Produktionsgeheimnissen in Berührung kamen oder aber für die Aufrecht-

---

[254] Vgl. ZSTA, Dienststelle Merseburg, Allg. Verw. Rep. 9 C 6 c 2, Fasc. 1, Bl. 79–82.

erhaltung der Produktion von Bedeutung waren, sprechen hier eine eindeutige Sprache.[255]

Wenn der brandenburgisch-preußische Staat auch mit den Mitteln des Strafrechts den Konkurrenzkampf eigener Kapitalisten zu unterbinden versuchte, dann zeigt das, daß bereits hier die Bedürfnisse des Feudalstaates im Widerspruch zu den Existenzgepflogenheiten des aufkommenden Kapitalismus standen.

Eine andere Gruppe von Straftaten ergab sich aus den sozialen Bedingungen, die der aufstrebende Kapitalismus schuf, und aus den verschiedensten Aktionen, mit denen sich der einzelne Arbeiter gegen den Unternehmer, der ihn ausbeutete, zur Wehr setzte.[256] In diese Delikt-Gruppe gehören der Diebstahl von Produktionsmitteln und Erzeugnissen, die Unterschlagung bzw. Veruntreuung von Material und Betrug hinsichtlich Maß, Gewicht und Qualität der verfertigten Waren. Nun gab es zwar auch im Feudalstrafrecht Eigentumsdelikte, jedoch erreichten die Straftaten auf der Grundlage der sich entwickelnden kapitalistischen Produktionsverhältnisse eine vollkommen neue Qualität, zunächst sticht ihr massenweises Auftreten ins Auge, zum anderen sind sie abhängig vom Vorhandensein kapitalistischer Produktionsunternehmungen und schließlich wurden sie von ihrer gegen den kapitalistischen Unternehmer geprägten Zielrichtung bestimmt. Diese nicht antifeudale Zielrichtung solcher Straftaten war es wohl auch, die zu Beginn des 18. Jahrhunderts den Feudalstaat dazu veranlaßte, ihre strafrechtliche Verfolgung milder auszugestalten als eben bei vergleichbaren Handlungen, die eine antifeudale Zielrichtung zum Inhalt hatten.

Erst mit dem Erstarken der kapitalistischen Unternehmungen und ihrer immer engeren Verquickung mit dem feudalistischen Staat und dessen Interessen nahm auch der Strafzwang gegen Angriffe auf das Eigentum kapitalistischer Unternehmer zu.

Nach dem Avertissement vom 22. Dezember 1768 sollte der Dieb von Fabrik-Materialien etliche Stunden öffentlich zur Schau gestellt und der Grund seiner Bestrafung bekanntgegeben werden, darüber hinaus war an den Geschädigten Schadensersatz zu leisten und der vierfache Wert des gestohlenen Materials als Strafe zu zahlen, wobei Dieb und Hehler gesamtschuldnerisch hafteten. Konnte die Strafe nicht bezahlt werden, wurde ersatzweise auf eine entsprechende Leibesstrafe erkannt.[257] Eine Erinnerung an die Bestimmungen dieses Avertissements und seine ausdrückliche Erweiterung auf die Gold-, Silber- und Seiden-

---

255 Hinsichtlich des Paßzwanges vgl. Circulare vom 12. Oktober 1758, in: NCC, VO v. 1758, No. XLIV.

256 Karl Marx/Friedrich Engels, Manifest der Kommunistischen Partei, in: Marx/Engels, Werke, Band 4, S. 470.

257 Vgl. ZSTA, Dienststelle Merseburg, Gen.-Dir., Fabr.-Dept., Tit. CDLXI, No. 1, Bl. 21, aber auch NCC, VO v. 1768, No. CVIII (s. a. Anlage 8).

fabriken erfolgte am 23. März 1785[258] Am 29. Januar 1793 erfolgte schließlich eine Verschärfung des Strafzwanges, indem Diebstähle von Materialien, Utensilien und Werkzeugen, die den Arbeitern anvertraut worden sind, als Hausdiebstähle behandelt werden sollten. Betrug der Wert des Entwendeten 5 Taler oder weniger, so war es dem Unternehmer überlassen, ob er die Tat zur Strafverfolgung bringen wollte oder nicht. Damit war diesem natürlich wieder ein weiteres Druckmittel gegen den jeweiligen Arbeiter in die Hand gegeben worden. Brachte der Unternehmer die Tat zur Strafverfolgung oder betrug der Wert des Entwendeten mehr als 5 Taler, sollte die Sache vom Fabrikengericht untersucht und der Täter von diesem auch bestraft werden. Betrug der Wert des Entwendeten 10 Taler oder weniger, wurde eine Gefängnisstrafe von einem bis zu 14 Tagen angedroht. Der Vollzug der Freiheitsstrafe sollte nur an arbeitsfreien Tagen (Sonn- und Feiertagen) durchgeführt werden, es wurde ferner verordnet, daß die Strafe in Einzel- und Dunkelhaft und bei Wasser und Brot zu vollziehen ist. Im Wiederholungsfalle sollte die beim ersten Mal erkannte Strafe verdoppelt werden, bei einer weiteren Wiederholung sollte die Tat als „großer Diebstahl" behandelt und der Täter mit Festungs- oder Zuchthausstrafe mit „Willkommen und Abschied" über mehrere Monate und Jahre bestraft werden. Dieselbe Strafe wurde denen angedroht, bei denen der Wert des Entwendeten 10 Taler überstieg. Den Hehlern drohte die Strafe der Diebe; selbst wenn die Annahme der entwendeten Sache auf Fahrlässigkeit beruhte, drohte eine nachdrückliche Geld- oder Gefängnisstrafe und unter Umständen sogar der Entzug des Gewerbes.[259]

Hinsichtlich der Dispositionsbefugnis des Unternehmers bei Diebstählen bis zu einem Wert von 5 Talern und des Vollzuges der Freiheitsstrafen an Sonn- und Feiertagen, läßt sich ganz deutlich erkennen, daß sich das Strafrecht hier den ökonomischen Erfordernissen kapitalistischer Unternehmungen unterwarf. Einerseits sollte und mußte den Unternehmern der notwendige Schutz gewährt werden, andererseits durfte die Produktion unter dem Vollzug der Strafmaßnahmen so wenig wie möglich leiden. Und nur dort, wo auf wiederholte oder ernsthafte Angriffe reagiert wurde, traten diese unmittelbar persönlichen ökonomischen Interessen des einzelnen Kapitalisten hinter die Schutzinteressen des Staates und aller anderen Kapitalisten zurück. Als Arbeitskraft ging der Bestrafte ohnehin nicht verloren, da sowohl im Zuchthaus als auch in den Festungen Zwangsarbeit geleistet werden mußte. Aber auch mit einer Reihe anderer Strafmaßnahmen gewährleistete der brandenburgisch-preußische Staat den Schutz seiner kapitalistischen Unternehmungen und gleichzeitig die Durchsetzung seiner Interessen an dem Fortkommen von Manufakturen und Fabriken. Diese Strafbestimmungen fallen zwar nicht unmittelbar unter das direkte Strafrecht, jedoch waren sie von ihrer

[258] Vgl. ZSTA, Dienststelle Merseburg, Gen.-Dir., Fabr.-Dept., Tit. CDLXI, No. 1, Bl. 158 (s. a. Anlage 9).

[259] Ebenda, Bl. 120 (s. a. Anlage 10).

Zwangswirkung her gesehen nicht minder einschneidend wirksam wie die „echten" strafrechtlichen Maßnahmen. Gedacht ist hier vor allen Dingen an die vielfältigen Polizeistrafen aber auch an die Strafmöglichkeiten in den einzelnen Unternehmungen. Erinnert sei in diesem Zusammenhang z. B. an die oben schon erwähnten Disziplinar-Geldstrafen in der Porzellanmanufaktur, die die Arbeiter angesichts ihres geringen Einkommens empfindlich getroffen haben.[260] Ein Taler Strafe wegen Umherschickens von Lehrlingen entsprach ja oft schon einem Wochenlohn! Auch aus der Eberswaldeschen Eisen- und Stahlwarenfabrik sind derartige Strafen bekannt.

Die sich mit der Herausbildung kapitalistischer Produktionsverhältnisse entwikkelnden Konflikte und Bedürfnisse fanden also auf die verschiedenste Weise ihren Niederschlag im brandenburgisch-preußischen Strafrecht. Zwar wurde den Forderungen der kapitalistischen Unternehmer weitgehend Rechnung getragen, hier sympathisierte offenbar eine Ausbeuterklasse mit der sich entwickelnden zweiten, jedoch fand das dort seine Grenze, wo die kapitalistischen Interessen mit denen der herrschenden Feudalklasse kollidierten. Immer mehr wurde den kapitalistischen Ausbeutern auch strafrechtlich vom Feudalstaat eine Stellung zuerkannt, die der des herrschenden Adels sehr ähnlich war. Mit Hilfe des Strafrechtes wurde also sowohl die feudale als auch die kapitalistische Ausbeutung des Menschen durch den Menschen gesichert.

III. Zur Kriminalität der Arbeiterschaft der kapitalistischen Produktionsunternehmen

1. Ursachen und kriminalitätsbegünstigende Faktoren

Die Kriminalität ist ein essentieller Bestandteil des kapitalistischen Systems, sie stellt förmlich seine Lebensäußerung dar. Dabei soll hier nicht über die subjektive Rechtschaffenheit oder Ehrenhaftigkeit einzelner Personen bzw. Personengruppen, Schichten oder Klassen gesprochen werden. Sicherlich ist es auch so, daß in allen bisherigen Klassengesellschaften das Verbrechen existiert; das trifft zweifellos mit geradezu gesetzmäßiger Notwendigkeit auf jene Klassengesellschaften zu, die durch antagonistische Klassenwidersprüche, durch das Privateigentum an den Produktionsmitteln, durch die Ausbeutung des Menschen durch den Menschen und durch das Streben nach Profit (in jeglicher Form) gekennzeichnet sind. Besonders deutlich und unübersehbar wird dieser Zusammenhang für den Kapitalismus. Die neue, gegenüber dem Feudalismus wesentlich poten-

---

[260] Auguste Dorothea Bensch, a. a. O., S. 106.

tere Produktionsweise mit der noch schonungsloseren Ausbeutung wird von ihrer Geburtsstunde an von Straftaten bisher nie gekannter Anzahl und mit einer völlig neuen Qualität und Struktur begleitet. Es ist durchaus nicht nur die bitterste Armut, die die Menschen zur Kriminalität treibt, wie die Kriminalitätsraten der modernen, hochentwickelten imperialistischen Länder zeigen, und es ist auch keineswegs nur die Eigentumskriminalität, über die zu sprechen wäre, wenngleich sie einen erheblichen Teil der Gesamtkriminalität ausmacht; es ist vielmehr der allgemeine Verfall menschlicher Werte zu beklagen, der zum Beispiel in der hohen Mordquote, in der erheblichen Zahl der erpresserischen Freiheitsberaubungen und in dem enormen Umfang des Rauschgifthandels seinen Niederschlag findet. Auch Karl Marx wies bereits auf diesen Zusammenhang hin, er schrieb: „Daß es nicht so sehr die besonderen politischen Einrichtungen eines Landes sind als vielmehr die grundlegenden Bedingungen der modernen bürgerlichen Gesellschaft im ganzen, die eine durchschnittliche Anzahl von Verbrechen in einem gegebenen nationalen Teil der Gesellschaft hervorbringen, das zeigt die folgende Tabelle, ... wenn also Verbrechen, so bald man sie in großer Zahl beobachtet, in ihrer Häufigkeit und Art die Regelmäßigkeit von Naturerscheinungen zeigen, ..., besteht da nicht die Notwendigkeit, ernstlich über die Änderung des Systems nachzudenken, das solche Verbrechen züchtet?“[261]

Die allgemeinen gesellschaftlichen Verhältnisse, die sozial-ökonomische Struktur prägen auch das Verhalten der Menschen außerhalb der Sphäre der unmittelbaren Produktion. „Die Kriminalität ist im Kapitalismus – und allen anderen auf Privateigentum an Produktionsmitteln basierenden Gesellschaftsordnungen –“, schreibt Buchholz, „durch diese sozialökonomische Grundstruktur der Gesellschaft dem Grundtyp und Grundmuster des Sozialverhaltens dieser Gesellschaftsformation adäquat; sie erwächst mit Notwendigkeit aus dieser sozialökonomischen Grundstruktur und ist unter der Voraussetzung ihres Fortbestehens nicht aufhebbar.“[262]

Kriminalität ist also dem sozialen Gesamtsystem des Kapitalismus wesensimmanent.[263] Neben dieser allgemeinen Adäquanz bestehen natürlich für einzelne Menschengruppen besondere Bedingungen, die ihr Verhältnis zur Kriminalität beeinflussen oder bestimmen können, denken wir nur an die unterschiedlichsten Varianten von Wirtschaftskriminalität, die bei Abwerbung, unerlaubter Konkurrenz und der Ausforschung fremder Produktionsgeheimnisse im 17. und 18. Jahrhundert ihren Anfang nahm und sich in der heutigen Zeit zu einem Milliarden-

---

[261] Karl Marx, Die Todesstrafe – Copdens Pamphlet – Anordnungen der Bank von England, MEW, Bd. 8, S. 508.

[262] Erich Buchholz, Sozialistische Kriminologie, Berlin 1971, S. 179.

[263] Vgl. auch Abhandlungen der Akademie der Wissenschaften der DDR, Jahrgang 1975 Nr. W 3, S. 16.

geschäft entwickelt hat.[264] Für die Kriminalität der Arbeiterschaft der frühen brandenburgisch-preußischen kapitalistischen Unternehmen gilt mit Sicherheit die Feststellung, die Engels auf das englische Proletariat bezogen machte, daß nämlich das Verbrechen die erste Form der Empörung der Arbeiter gegen den Bourgeois war.[265] Betrachtet man einmal nur die Eigentumskriminalität, so kann man sich bestimmten Zusammenhängen nicht verschließen.

Die Ausbeutung des Menschen durch den Menschen, die Aneignung fremder Arbeit und die sich dabei entwickelnde Profitgier führen dazu, daß sich die soziale Lage der Arbeiterschaft absolut und relativ immer mehr verschlechtert. Marx und Engels stellten im Manifest der Kommunistischen Partei fest: „Der Durchschnittspreis der Lohnarbeit ist das Minimum des Arbeitslohnes, d. h. die Summe der Lebensmittel, die notwendig sind, um den Arbeiter als Arbeiter am Leben zu erhalten. Was also der Lohnarbeiter durch seine Tätigkeit sich aneignet, reicht bloß dazu hin, um sein nacktes Leben wieder zu erzeugen."[266] Daraus ergeben sich in strafrechtlicher Sicht folgende Konsequenzen:

1. Der Durchschnittspreis der Lohnarbeit berücksichtigt nicht die konkrete Lage des einzelnen Arbeiters. Weicht sie auf Grund der Familiengröße, gesundheitlicher Gebrechen oder anderer Ursachen vom Durchschnitt ab, kann der Arbeiter den durch diese Abweichung begründeten notwendigen Mehraufwand regelmäßig nur dadurch realisieren, daß er im Wege des Diebstahls, anderer Eigentumskriminalität oder der Bettelei dafür sorgt, daß seine notwendigsten Bedürfnisse Befriedigung finden.

2. Da der einzelne Arbeiter nur das erhält, was notwendig ist zur unmittelbaren Aufrechterhaltung seiner physischen Existenz, ist er nicht in der Lage, Zeiten, in denen er kein oder zumindest kein regelmäßiges Einkommen hat, zu überbrücken. Die logische Konsequenz daraus sind in einer Vielzahl von Fällen wiederum Eingriffe strafrechtlich relevanter Natur. Die Ausbeutung des Menschen durch den Menschen führt im Kapitalismus damit zwangsläufig zur Kriminalität. Die Realität dieser Erkenntnis läßt sich auch sehr gut an den Verhältnissen des beginnenden Kapitalismus in Brandenburg-Preußen nachweisen.

Die Löhne der meisten Arbeiter lagen in Brandenburg-Preußen noch unter dem Betrag, der als Existenzminimum angesehen werden muß. Die Folge war, daß die Frauen und Kinder gezwungen wurden, zum Lebensunterhalt beizutragen. Verstarb ein Arbeiter und hinterließ Frau und Kinder, dann drohte diesen die bitterste Not. Ähnlich sah es aus, wenn der Mann als Soldat oder aus anderen Gründen längere Zeit von seiner Familie abwesend war oder auf andere

---

264 Dietmar Seidel/Günther Wiesel, Krimineller Profit – profitable Kriminalität, Berlin 1982.

265 Friedrich Engels, Die Lage der arbeitenden Klasse in England, Abschnitt Arbeiterbewegungen, MEW, Bd. 2, S. 430 ff.

266 Karl Marx/Friedrich Engels, Manifest der Kommunistischen Partei, a. a. O., S. 476.

Weise – etwa durch Alter oder Krankheit – verhindert war, den Hauptanteil zum Unterhalt für die Seinen zu leisten. Bettelei, Prostitution und Eigentumsstraftaten hatten hier eine ihrer sozialen Wurzeln. In eine ähnliche Situation gerieten die Arbeiter in den Zeiten der Krisen und der mit ihnen verbundenen Arbeitslosigkeit. Löwe hat den Zusammenhang zwischen Arbeitslosigkeit und Kriminalität für das Ende des 19. Jahrhunderts und die ersten Jahre des 20. Jahrhunderts untersucht. Er schreibt: „Wenn wir das Ergebnis unserer ganzen bisherigen Untersuchung zusammenfassen, so hat sich nicht nur ein oberflächlicher Zusammenhang zwischen der durch die Krisen hervorgerufenen Arbeitslosigkeit und der Kriminalität der Bevölkerung herausgestellt. Es ergab sich vielmehr, daß die Kurve der Vermögensdelikte sich bis aufs kleinste den Bewegungen der Konjunktur anpaßt, daß sich jede Änderung in den Arbeitsverhältnissen, sei sie zum Besseren oder zum Schlimmeren, zum Ausdruck bringt. Man könnte die Schwankungen der wirtschaftlichen Lage nach ihrer zeitlichen und örtlichen Bestimmtheit schon aus den Zahlen der Kriminalstatistik ablesen."[267] Löwe deckt an dieser Stelle den Mechanismus zwischen einer typischen Erscheinung des Kapitalismus, nämlich den Krisen und der mit ihnen verbundenen Arbeitslosigkeit, und ihrer regelmäßig, gesetzmäßig folgenden kriminologischen Konsequenz, nämlich der Zunahme der Eigentumsdelikte, auf. Dieser Zusammenhang hat bereits auch das Strafrecht Brandenburg-Preußens auf diesem Gebiet geprägt. Die Schilderungen von Not und Armut in den Bittschriften der arbeitslosen Plüschmacher geben bereits ein anschauliches Bild. Wie muß es aber erst in den Familien arbeitsloser Tagelöhner ausgesehen haben, die ja nicht einmal die Wartegelder bekamen, die den Plüschmachern immerhin noch zugestanden worden sind!

Die Arbeiterschaft der kapitalistischen Produktionsunternehmungen fanden durch diese Organisation der Produktion für die Begehung ihrer Straftaten neue, günstige Bedingungen vor. In der dezentralisierten Manufaktur erhielten sie Arbeitsmittel und Arbeitsgegenstände quasi ins Haus geliefert. Die Rohstoffe, die den Arbeitern zur Bearbeitung übergeben worden waren, repäsentierten teilweise einen Wert, der weit das übertraf, was der Einzelne jemals hätte verdienen können. Die Arbeiter hatten praktisch die ständige Verfügungsgewalt über die ihnen übergebenen Werkzeuge und Rohstoffe. Ohne viel Mühe war es ihnen so möglich, Eigentumsstraftaten der unterschiedlichsten Art zu begehen. Sie verkauften und versetzten Rohstoffe, Werkzeuge und Fertigprodukte; um diese Eingriffe zu vertuschen, gingen sie häufig dazu über, wertvollere Rohstoffe zum Teil oder auch völlig gegen mindere auszutauschen, sie veränderten in betrügerischer Weise Maße, Gewichte und Qualität ihrer Waren. Aber auch die zentralisierten Produktionsunternehmen eröffneten den Arbeitern Möglichkeiten zur Begehung von Eigentumsstraftaten, wie es sie unter feudalistischen Bedingungen nicht gegeben

---

267 Adolf Löwe, Arbeitslosigkeit und Kriminalität, in: Abhandlungen des Kriminalistischen Instituts an der Universität Berlin, Dritte Folge, Erster Band, 4. Heft, Berlin 1914, S. 29 f.

hat. Die für den Kapitalismus typische Massenproduktion verhinderte eine ähnlich genaue Aufsicht über die Arbeiter, die Rohstoffe und Fertigprodukte, wie das in einer Handwerkswerkstatt noch möglich war. Die Arbeiter verstanden es, auch diese objektiven Umstände auszunutzen, um Straftaten zu begehen, die sich gegen den kapitalistischen Unternehmer richteten.

Die Not trieb die Menschen allerdings auch dazu, außerhalb der Fabriken und nicht gegen die Unternehmer gerichtete Eigentumsstraftaten zu begehen.

2. Der strafrechtliche Gerichtsstand der Arbeiterschaft

Der Gerichtsstand der Arbeiterschaft in Strafsachen war, wie das auch schon bei der Behandlung von Streitfällen aus dem Arbeitsverhältnis festgestellt werden konnte, durchaus nicht einheitlich geregelt. Während für das 17. Jahrhundert in Brandenburg-Preußen keine Sonderstellung der Arbeiter hinsichtlich ihres Gerichtsstandes in Strafsachen festgestellt werden konnte, war die Lage im 18. Jahrhundert eine ganz andere. Normalerweise unterstanden die Arbeiter in den Städten auch in Strafsachen der Gerichtsbarkeit der Magistrate, den Stadtgerichten. Für einige Unternehmen und für Berlin und später auch für Potsdam wurden Sonderregelungen auch hinsichtlich des strafrechtlichen Gerichtsstandes der Arbeiter geschaffen. Im Artikel 25 des Entrepreneur-Contracts zwischen dem 5. Departement des General-Direktoriums und dem Kaufmann David Splittgerber vom 2. Februar 1753 heißt es: „Sämtliche Ouvriers und Fabricanten stehen zwar als Mit-Bürger, besonders in allen Policey Sachen unter der Jurisdiction des Magistrats zu Neustadt-Eberswalde, jedoch bleibt die cognition und Entscheidung kleiner Händel, Schlägereien und Injurien unter denen Fabricanten selbst, auch in Wiedersetzlichkeit wieder den Entrepreneur, dem Entrepreneur vorbehalten und soll der Magistrat schuldig seyn, auf gehörige Sequisition ihm allenfalls mit der nötigen Execution jedesmahl prompt an Hand zu gehen."[268] Hier wurde also zunächst dem Entrepreneur die niedere Gerichtsbarkeit in bestimmten Strafsachen übertragen; allerdings wurde bereits am 28. 11. 1753 der Neustadt-Eberswaldesche Bürgermeister Palm zum ordentlichen Richter über die Ruhlaer Colonisten bestellt mit der Maßgabe, daß er diese Fälle „im beyseyn des Entrepreneurs im factorey Hause previmanu (vermutlich ein Schreibfehler – brevi manu/kurzer Hand? – H.-P. Z.) untersuchen, entscheiden und die Decreta zur Exekution bringen" solle.[269]

In wichtigen Vorfällen und bei Streitigkeiten mit den anderen Bürgern der

[268] ZSTA, Dienststelle Merseburg, Gen.-Dir., Fabr.-Dept., Tit. CDXXXIX, Nr. 11, adhib. 1a, Bl. 39 ff.

[269] Ebenda, Bl. 118.

Stadt oblag die Gerichtsbarkeit allerdings dem Magistrat, der jedoch den Entrepreneur zu verständigen hatte. Dieser hatte in solchen Fällen dann das Recht, an der im Rathaus stattfindenden Verhandlung teilzunehmen. Auch hier wurde zwischen dem Entrepreneur und den Arbeitern ein Untertanen-Verhältnis postuliert, das stark an die Verhältnisse auf den adeligen Gütern erinnert.

Das strafrechtliche Jurisdiktionsrecht des Gerichts der Porzellanmanufaktur war noch weiter ausgebildet. Kleinere Streitigkeiten hatte der Justitiarius bereits nach der Instruktion des Jahres 1764 ohne alle prozessualen Weitläufigkeiten zu schlichten und nur in schweren Fällen ernsthafte Bestrafung und Inhaftierung in Verbindung mit dem Hof-Gericht vorzunehmen. Die Jurisdiktionsbefugnis des Magistrats blieb hierbei zunächst völlig unberücksichtigt. Nach der Instruktion vom November 1771 blieb dem Justitiarius die Untersuchung und Entscheidung aller geringfügigen Straftaten; in schwerwiegenderen Strafsachen stand ihm die Untersuchung der Sache zu, wenn sich die Straftat gegen die Manufaktur gerichtet hatte, die Entscheidung wurde in solchen Fällen dann aber vom Criminalsenat getroffen. Waren die schwerwiegenderen Straftaten nicht gegen die Manufaktur gerichtet, hatte der Justitiarius die Untersuchung und Entscheidung, wenn die Täter Vorgesetzte oder Officianten waren, dem mit dem „ersten Senat des Cammergerichts combinierten Hofgericht", wenn die Täter Ouvriers waren, dem Stadtgericht zu überlassen. Die Arbeiter konnten also demnach bei Straftaten – abhängig vom Schaden und von der Angriffsrichtung – ihren Gerichtsstand bei drei verschiedenen Gerichten haben. Diese Gerichtsstand-Regelungen trafen aber nur für die ständig bei der Manufaktur beschäftigten Arbeitskräfte zu, Tagelöhner und nicht ständig bei der Manufaktur beschäftigte Handwerker behielten ihren bisherigen Gerichtsstand bei, das heißt, daß für sie in aller Regel das Stadtgericht zuständig war.

Auch das Fabrikengericht übte bekanntlich Rechtsprechungsfunktionen in strafrechtlicher Hinsicht aus. Die das Strafrecht betreffenden Passagen im Reglement vom 23. Dezember 1792 lauteten:

II.

Unter Fabrikensachen werden aber nur verstanden:
1) Die Streitigkeiten der Fabriken-Unternehmer und ihrer Arbeiter gegen einander, ..., über Verfälschung der Arbeit, und Verderbung der Gerätschaften und Materialien; über Veruntreuung und Entwendung derselben; ...
4) Die Untersuchung aller von Fabrikenarbeitern, an Waaren, Materialien und Geräthschaften begangenen Diebstäle und Entwendungen; imgleichen die Bestrafung derselben, wenn der Werth des Entwendeten die Summe von Zehn Thalern nicht übersteigt.
5) Die Untersuchung gegen diejenigen, welche dergleichen gestohlne Sachen gekauft und zum Pfande angenommen haben, in so fern dieselben nicht zur Militair-Gerichtsbarkeit gehören; imgleichen die Bestrafung solcher Theilnehmer, jedoch mit eben der Nr. 4 bestimmten Einschränkung.

X.

Bey Fabriken-Diebstählen und dahin einschlagenden Diebesheelereyen, findet, wenn der Gegenstand nur Zehn Rthl. und weniger beträgt, nur Policeymäßige Untersuchung, wobey jedoch die wesentlichen Vorschriften der Proceß-Ordnung von fiscalischen Untersuchungen beobachtet werden müssen, statt. Das Erkenntnis wird vom Fabrikengericht abgefaßt, und es ist dagegen nur der Recurs an das Fabriken-Departement des General-Directorii zuläßig. Bey wichtigern Diebstählen aber, gebühret dem Gericht bloß die Führung der Untersuchung, wobey dasselbe die Vorschriften der Criminal-Ordnung gehörig befolgen muß. Ueber die instruirten Acten aber, welche dem Fabriken-Departement eingesendet werden müssen, wird von selbigen das Gutachten der Criminal-Deputation des Cammergerichts, so wie in zweyter Instanz von dem Ober-Appellationssenat eingezogen, und darnach das Erkenntnis abgefaßt.[270]

Soweit die Passagen aus dem Reglement.

Wenn auch zu Beginn des Reglements betont wird, daß die Jurisdiktion in Fabrikensachen ohne Rücksicht auf die Art der Fabrik und auf den sonstigen persönlichen Gerichtsstand der Parteien dem Berliner Magistrat verbleibe und durch das Polizeidirektorium ausgeübt werde, machen zumindest die Bestimmungen über die strafrechtliche Jurisdiktion einmal mehr deutlich, daß diese Regelungen auf eine Einschränkung der städtischen Gerichtsbarkeit hinausliefen. Mit dem Fabriken-Departement wurde ein zur Wirtschaftsleitung eingesetztes Organ des brandenburgisch-preußischen Staates zur Strafrechtsprechung bevollmächtigt. Das läßt schließlich erkennen, wie sehr auch im Strafrecht wirtschaftliche Erwägungen in den Vordergrund geschoben wurden. Eine andere Erklärung ist für diese Jurisdiktionsregelung m. E. nicht möglich.

Im übrigen untersuchte und entschied das Fabrikengericht durchaus nicht nur in Eigentumsstrafsachen. Es war auch zuständig für die Untersuchung und Entscheidung anderer gegen die kapitalistischen Unternehmer gerichteten Handlungen, wie zum Beispiel Streiks. Krüger berichtet sehr ausführlich über Aktionen Berliner Weber und die Reaktionen des Fabrikengerichts.[271] Die Unternehmer erhielten den vollen Schutz des brandenburgisch-preußischen Staates, wobei das Fabrikengericht keine gesetzlichen Regelungen anwendete, die erst mit Herausbildung der kapitalistischen Produktion erlassen worden sind, sondern Anordnungen über das Verbot des Aufruhrs und der Aufwiegelei im Handwerk,[272] also Verordnungen, die durchweg nur dem Schutze der feudalistischen Gesellschaftsordnung im brandenburgisch-preußischen Staat dienten. Die Unternehmerinteressen wurden hier also eindeutig in die Schutzinteressen des Feudalstaates mit einbezogen.

---

[270] Zitiert nach Horst Krüger, a. a. O., S. 643 ff.

[271] Horst Krüger, a. a. O., S. 640 ff.

[272] Vgl. z. B.: Avertissement, wegen des Auflaufs gemeiner Leute und junger Burschen vom 26. April 1758 (NCC, VO v. 1758, Spalten 325–326, No. II).

IV. Zu einigen Fällen der praktischen Anwendung des Strafrechts

1. Die Strafsache Ludwig Liebert

Im Jahre 1734 wurde der Tagelöhner Ludwig Liebert auf Vorschlag des Berliner Stadtgerichts „biß zur verspürten Beßerung nach Spandau ins Zucht- und Arbeits Hauß" geschickt.[273]

Liebert war zur Nachtzeit in den Hof des Anwesens eines anderen Tagelöhners eingedrungen. Hier trug er in der Absicht, sie später mitzunehmen, einige Stücken Holz zusammen. Schließlich versuchte er noch unter Zuhilfenahme einer am Tatort vorhanden gewesenen Leiter ein Huhn vom Dachboden zu entwenden. Darüber erwachten aber die Hausbewohner und Liebert wurde inhaftiert.

Obwohl der Diebstahl im Versuchsstadium steckengeblieben ist und der Wert des potentiellen Diebesgutes nur einige Groschen betrug, schlug das Stadtgericht die Verhängung der zeitlich nicht begrenzten Freiheitsstrafe vor. Grund dafür war offenbar, daß Liebert bereits zweimal einschlägig vorbestraft war. Da halfen dem Verurteilten auch keine Verteidigungseinreden. Mit keinem Wort setzten sich die Richter im Urteil mit den Ursachen der Tat auseinander. Das Diebesgut, das sich Liebert aneignen wollte, zeugt nicht dafür, daß er irgendwelche Luxusbedürfnisse mit seiner Tat zu befriedigen beabsichtigte; man gewinnt hier wohl doch eher die Überzeugung, daß der Täter aus Not und Armut handelte. Auch das Strafrisiko, das Liebert ja von vornherein mit einkalkulieren mußte, ist im Verhältnis zum Wert der Beute derart überzogen hoch, daß schon gravierende Gründe vorliegen mußten, um überhaupt den Tatentschluß reifen zu lassen. Immerhin drohte Art. CLXII CCC für den dritten Diebstahl die Todesstrafe an!

Auch die Tatsache, daß Liebert im Alter von 26 Jahren bereits zweimal einschlägig vorbestraft war, legt Zeugnis von seiner vorhanden gewesenen sozialen Entwurzelung. Die zeitlich unbegrenzte Zwangsarbeitsstrafe sollte hier offensichtlich der Spezialprävention dienen. Wie wenig erfolgversprechend diese Strafmaßnahme angesichts der bedrückenden sozialen Lage der Tagelöhner war, braucht wohl kaum noch betont zu werden.

Die Akte gibt keine Auskunft darüber, ob Liebert ländlicher Tagelöhner oder Arbeiter in einem kapitalistischen Produktionsunternehmen war. Irgendwelche Rücksichten, die sich aus der Stellung des Täters in der Produktion hätten unter Umständen ergeben können, brauchten die Richter jedoch offenbar nicht zu nehmen.

---

[273] ZSTA, Dienststelle Merseburg, Allg. Verw. Rep. 9 C 6 c 2, Fasc. 14, Bl. 120 ff.; siehe auch Anlage 2.

2. Die Strafsache Anna Dorothea Heinicken

Im Jahre 1743 mußte sich die Arbeiterin Anna Dorothea Heinicken wegen Diebstahls verantworten.[274] Sie arbeitete für die Gold- und Silbermanufaktur und unterschlug Gold- und Silberfäden im Werte von insgesamt 144 rthl. und 7 gr. Die von ihr unterschlagenen Materialen versetzte sie bei verschiedenen Juden. Da ein Teil der versetzten Materialien von den Juden abgeliefert wurde, verringerte sich der Schaden zunächst auf 83 rthl. und 6 gr. Gegen diese Forderung wurde dann noch ein Anspruch der Heinicken auf Arbeitslohn in Höhe von 15 rthl. 1 gr. und 9 pf. verrechnet, so daß schließlich ein Restschaden in Höhe von immerhin 68 rthl. 4 gr. und 3 pf. verblieb. Diese beträchtliche Schadenshöhe hätte eine nachdrückliche Bestrafung der Täterin zur Folge haben müssen. Sie findet aber milde Richter, die ex officio Strafmilderungserwägungen vornehmen und sich alle Mühe geben, eine milde Strafe zu begründen. Der erste Strafmilderungsgrund war nach Auffassung der Richter in der Tatsache zu suchen, daß die begangene Tat kein Diebstahl sei, da nicht die Unversehrtheit der Wohnung verletzt wurde, wie das bei Diebstahl regelmäßig der Fall sei. Der hier vorliegende typische Fall der Unterschlagung wurde als Treulosigkeit und der Täter als Betrüger bezeichnet. Der Gewahrsamsbruch des Diebstahls wurde hier offensichtlich als strenger zu bestrafen angesehen als der Vertrauensbruch bei Unterschlagung (Treulosigkeit) und Betrug, obwohl Art. CLXX CCC vorschreibt, eine solche Tat einem Diebstahl gleich zu bestrafen.

Der zweite Strafmilderungsgrund wurde in der Restitution eines großen Teils des Schadens gesehen. Der Schadensersatz umfaßte immerhin 52,8% des Schadens; rechnet man zur Restitutionssumme noch die 20 Taler hinzu, die als Kaution hinterlegt wurden, betrug der Schadensersatz sogar 66,6%.

Der dritte Grund, der zur Milderung der Strafe herangezogen wurde, besteht in der unbewiesenen Behauptung der Täterin, daß ihr von einer unbekannten Frau Gespinste im Werte von 20 Talern gestohlen worden seien.

Als vierter Strafmilderungsgrund wurde die äußerste Armut der Heinicken angeführt. Ihr Mann sei schon im dritten Jahr abwesend gewesen und um sich und ihre Kinder ernähren zu können, habe sie die Tat begangen. Außerdem hätte sie die Absicht gehabt, von ihrem Verdienst nach und nach alles wieder zu ersetzen. Mag die Heinicken subjektiv wirklich auch die Absicht gehabt haben, den Schaden nach und nach von ihrem Arbeitsverdienst zu ersetzen, so war die Realisierung dieser Intention wohl objektiv nicht möglich. Wenn ihr Arbeitsverdienst schon nicht für ihren Lebensunterhalt ausreichte, wie sollte dann noch etwas übrig bleiben für die Auslösung der versetzten Materialien?

Die Armut der Täterin ist wohl der einzige Grund, der auch nach den Be-

---

[274] ZSTA, Dienststelle Merseburg, Allg. Verw. Rep. 9 LL 4 – LL 4b, Bl. 14 ff.; siehe auch Anlage 3.

stimmungen der Carolina zu einer Strafmilderung Anlaß gab. Der Diebstahl aus Hungersnot war nämlich nach Art. CLXII CCC entweder gar nicht oder zumindest aber milder als der gewöhnliche Diebstahl zu bestrafen. Allerdings bezog sich diese Vorschrift nur auf den Diebstahl von Nahrungsmitteln. Offenbar wurde aber der hier niedergelegte Grundsatz auch analog auf den Diebstahl anderer Güter angewandt, wenn er mit Armut motiviert war. Gleiches galt dann selbstverständlich auch für die Bestrafung der Unterschlagung. Die Richter konnten im übrigen mit dieser Gesetzesauslegung auch sicher sein, den Beifall ihres Königs zu finden.[275] Jedoch sind nicht in allen Fällen die Armut und die Not des Täters mildernd berücksichtigt worden.[276] Offenbar spielten auch Fragen der Stellung des Täters in der Produktion und seines Arbeitsvermögens eine wesentliche Rolle bei der Straffestsetzung. Täter, die für die Produktion bestimmter Waren wegen ihrer Geschicklichkeit oder ihres Spezialwissens nötig gebraucht wurden, wurden zwar bestraft – aber doch so, daß sie für ihre eigentliche Arbeit nicht allzulange ausfielen.[277] Das traf in vollem Umfange auch auf die Heinicken zu, denn man hatte in Brandenburg-Preußen einen großen Bedarf an silbernen und goldenen Schnüren und ähnlichen Erzeugnissen.

Schließlich wurde die bisherige Unbescholtenheit der Täterin ebenfalls straf-

---

[275] Reinhold Koser, Geschichte Friedrichs des Großen, Zweiter Band, Stuttgart und Berlin 1913, S. 62.

[276] Vgl. die Strafsache Ludwig Liebert, aber auch die Strafsache Monheim, ZSTA, Dienststelle Merseburg, Allg. Verw. Rep. 9 LL 4a, Bl. 18 ff. Monheim, der Goldschmiedemeister war, verfälschte Silber mit Kupfer. Als er sich auf sein fortgeschrittenes Alter und seine Armut zu seiner Verteidigung berief und weiterhin vorgab, aus gesundheitlichen Gründen nicht mehr richtig arbeiten zu können, wurde das von den Richtern nicht akzeptiert. Er wurde zu zweijähriger Festungshaft verurteilt. Seine Armut habe er wegen mangelnden Fleißes selber verschuldet, schließlich hätte er nach Auffassung der Richter Gesellen für sich arbeiten lassen können.

[277] Eine ähnliche Haltung wurde auch bei der Verhängung bzw. Durchsetzung von Geldstrafen oder deren Umwandlung in eine Freiheitsstrafe eingenommen. Als der Posamentierer Johann Daniel Schüler wegen Ankaufes gestohlenen Garns zu einer Geldstrafe in Höhe von insgesamt 325 rthl., von denen 160 rthl. der Manufaktur-Strafkasse zufließen sollten, verurteilt wurde, wurde ihm dieser Teil der Strafe nach einem entsprechenden Gutachten des Hofrates Bingert erlassen. Bingert setzte sich in seiner Stellungnahme vor allem mit der Produktion des Schüler, der immerhin 6 Bandstühle zu laufen hatte, auseinander. Schließlich kommt er zu dem Schluß: „so würde eine so enorme Geldstrafe von 325 rthl. und 72 rthl. Gerichtskosten Supplicanten gewiß totaliter ruiniren; und er würde sich um nicht 1 Jahr nach Spandau zu kommen, wie in Entstehung der Geldstrafe die Sentenz mit sich bringet, sich genöthiget sehen, alle Stühle ja alles sein Haab und Gut zu verkauffen wodurch seine Werckstatt die ohne den Neben Arbeitern 6 Gesellen Jahr aus Jahr ein ernähren kann, gantzlich aufgehoben und ein nützlicher Bürger mit Frau und Kindern ins Elend versetzet seyn würde." – ZTSA, Dienststelle Merseburg, Gen.-Dir., Fabr.-Dept., Tit. CDLXI, No. 1, Bl. 29 ff.

mildernd anerkannt. Unter Berücksichtigung aller aufgezeigten Umstände wurde die Heinicken zu sechs Monaten Spinnhausarbeit verurteilt mit dem ausdrücklichen Vermerk, sie nach Ablauf dieser Zeit wieder zu entlassen.

3. Die Strafsache Johann Körner und andere

Im Jahre 1771 erging gegen den Graveur der Porzellanmanufaktur Johann Körner, dessen Ehefrau, Sophia Elisabeth Körner und den ebenfalls in der Porzellanmanufaktur beschäftigten Poussierer Johann Gottfried Helge ein Strafurteil wegen Diebstahls.[278]

Körner wurde zu sechs Monaten Festungsarrest und seine Ehefrau zu acht Tagen „Hauß-Vogtey-Arrest" verurteilt. Helge wurde die erlittene Untersuchungshaft (Arrest) als Strafe angerechnet.

Die Verurteilten hatten, arbeitsteilig handelnd, Porzellanfiguren mit einem Wert von 46 rthl. und 16 gr. aus der Manufaktur entwendet und versetzt. Damit waren sie nach den Bestimmungen über den schweren Diebstahl gem. Art. CLX CCC zu bestrafen. Allerdings waren die Verurteilten hinsichtlich ihres jeweils konkreten Tatbeitrages offenbar nicht geständig, und so hatten sich die Richter der Aufgabe zu entledigen, über diese Frage zu entscheiden.

Auf das Ehepaar Körner fiel der erste und schwerste Verdacht. Sie hatten das entwendete Porzellan – angeblich im Namen Helges – versetzt. Außerdem, so urteilten die Richter, war Körner ein Mensch, dem man die Tat wegen seiner Armut und schlechten Wirtschaft zutrauen konnte. Darüber hinaus mußte er den Diebstahl einiger Figuren und seine Komplizenschaft mit Helge zugestehen und schließlich gab es noch „Billets, so unter dem fingirten Namen Hetlich an die Brüssen geschrieben worden, um sie zu Annehmung des qu. Porcellains zum Versatz zu bewegen,", die offenbar aus der Feder Körners stammten. Allerdings erörterten die Richter auch im vorliegenden Fall ex officio Gründe der Strafmilderung, die sie darin sahen, daß das gesamte gestohlene Porzellan zurückgegeben werden konnte und Körner nicht vereidigt war. Körners Ehefrau wurde zugute gehalten, daß sie ihren Mann nicht verraten durfte. Außerdem konnten die Richter ihr Argument, daß sie geglaubt habe, daß das Porzellan nicht gestohlen sei, nicht widerlegen.

Hinsichtlich Helge wurde als verdächtig angesehen, daß seine Eltern fast das gesamte Porzellan ausgelöst hatten, „welches diese nicht nötig gehabt haben möchten, wenn es mit den Sachen des Sohnes richtig gestanden", außerdem hatte er gestanden, dem Körner zwei Figuren durch einen Dritten zum versetzen geschickt und auch insgesamt 14 gr. dafür erhalten zu haben. Vor diesem Geständnis hatte

---

278 ZSTA, Dienststelle Merseburg, Allg. Verw. Rep. 9 E 16^{II}, Fasc. 3, Bl. 38 ff.; siehe auch Anlage 4.

er jedoch alles geleugnet. Schließlich hatte die Benderin bekundet, daß Helge sogar im Arrest noch 16 gr. für etwas Porzellan erhalten habe.

Allein die belastenden Gründe wurden von den Richtern durch folgende Erörterungen wieder entkräftet: Helges Eltern seien unverdächtige, unschuldige Menschen, die aus Bestürzung über die Beschuldigungen gegen ihren Sohn und auf Anraten eines Fremden, der wahrscheinlich von Körner geschickt worden sei, das Porzellan ausgelöst hätten. Helge selbst hätte zwar unrecht getan, jedoch habe er immer so viel Geld gehabt, daß er sogar dem Körner ansehnliche Vorschüsse habe geben können. Er sei darüber hinaus ein stiller und ordentlicher Mensch gewesen, „bey dem es also an einer üblen Praesumtion ermangelt." Schließlich hätte er das Versetzen der Porzellanfiguren nur befördert, um dadurch zu einem Vorschuß zu gelangen, außerdem sei Helge als 20jähriger junger Mann als der verführte Teil anzusehen, der es für gleich erachtet habe, ob die Figuren eine Zeit lang in Körners Wohnung[279] oder beim Pfandleiher stünden. Wegen der Zahlung der fraglichen 16 Groschen durch die Benderin an Helge seien Ränke gestrickt worden. Auch die Tatsache, daß Helge ebenfalls nicht vereidigt war, wurde mildernd berücksichtigt.

Dreh- und Angelpunkt der Schulderwägungen der Richter war offenbar der hauptsächlich durch die Vermögensverhältnisse der Verurteilten bestimmte Leumund, denn neben einigen unbewiesenen Vermutungen der Richter stand dem Helge als Entlastungsbeweis doch nur das Zeugnis seiner Eltern, daß er ein stiller und ordentlicher Mensch sei, zur Seite. Die Aussage der Eltern aber könnte genausogut eine Schutzaussage zugunsten ihres Sohnes wie eine Darstellung der Wahrheit sein. Es ist auch durchaus nicht bewiesen, daß das Ehepaar Körner nicht im Auftrage Helges das Porzellan versetzte! Warum sollte außerdem nicht auch Körner glauben dürfen, daß es einerlei sei, ob das fragliche Porzellan in seiner oder Helges Wohnung oder beim Pfandleiher für einige Zeit steht?

Die Richter ließen sich bei ihren Erwägungen offensichtlich von den Bestimmungen des Art. XXV CCC leiten, der von vornherein von einer Präsumtion der Schuld der verwegenen oder leichtfertigen Personen mit einem bösen Leumund ausgeht.[280] Daß diese Praxis durchaus allgemein üblich war, zeigt auch Meckbach, der schreibt: „Wenn also ein ehrlicher und rechtschaffender Mann einen silbernen Löffel, Uhr, Bücher und andere Sachen gekauft hätte, und es käme heraus, daß die Sachen gestohlen, bey einem Mann von gutem Leumuth

---

[279] Offenbar war es üblich, daß sich Arbeiter zu Übungszwecken Porzellan-Figuren aus der Manufaktur mit nach Hause nahmen (vgl. ZSTA, Dienststelle Merseburg, Allg. Verw. Rep 9 E 16II, Fasc. 3, Bl. 38 ff.). Diese Gepflogenheit läßt auf ein nicht sehr ausgeprägtes Kontrollsystem in der Manufaktur schließen.

[280] Im Art. XXV CCC geht es allerdings zunächst nur um die Beweisanforderungen für eine genugsame Anzeigung des Diebstahls!

auch gesehen worden, da kann man demnach kein indicium furti machen, wenn er auch gleich seinen Wehrmann angeben könne, ..."[281] Das ist eindeutig vermögensbezogen und postuliert die Präsumtion der Unschuld für die besitzenden Klassen und Schichten. Thomasius setzte sich auch mit dieser Praxis auseinander, indem er dem entgegenhält, daß man ja auf einem öffentlichen Markt von unbekannten Kaufleuten Sachen kaufen könne, ohne später den Verkäufer bezeichnen zu können.[282]

Insgesamt sind jedoch die Strafen gegen Körner und Mittäter sehr mild ausgefallen. Ein Beweis mehr, daß in der Produktion benötigte Straftäter auf milde Richter rechnen konnten und daß auch das Strafrecht jener Zeit sehr wesentlich von den ökonomischen Bedürfnissen bestimmt worden ist.

---

281 Hieronimus Christoph Meckbach, Anmerkungen über Kayser Carl des V. und des H. R. Reichs Peinliche Halßgerichts-Ordnung, Jena 1756, S. 118.

282 Christian Thomasius, a. a. O., S. 143.

ANLAGEN

Anlage 1

Aus: Staatsarchiv Potsdam, Prov. Brand. Rep. 30 A Berlin, Polizeidirektorium Tit. 369, Nr. 6, Bl. 8 und 9

Verzeichnis von sämtlichen schwebenden Civil- und Criminal Prozessen beim Fabriken Gerichte angefertigt den 24.ten April 1797

No.	Namen der Parteien oder Rubrique der Akten	Datum der Klage	Laage der Sachen	Gegenstand
1	Borsche, Girard et Cons. ./. Thiele	13. Okt. 1796	nov. termin. instruct den 25. April 1797 angesetzt	wegen gefundener mit den Buchstaben der Klägern gezeichneter Bobinen
2	Dutton ./. Schmiel	20. April 1797	termin instructionis den 25. April 1797	Untreue
3	Cober ./. Bauer	19. April 1797	termin instr. d. 27. April	wegen schuldiger 2 rthl. 21 gr. 6 pf.
4	Fritsche ./. Eberlein	1. März 1797	nov. termin instruct. den 26. April 97	desgl. 44 rthl. 18 gr.
5	Gusro ./. Fritze	12. April 1797	termin instr. d. 26. apr. 97	Gesuch um Entlassung aus der Lehre und zu zahlenden Arbeitslohn
6	Hesse Gebrüdern ./. Spinnerin Eben	15. Febr. 1797	in terminis execut.	wegen Nachlässigkeit und zu ersezzenden Vorschuß
7	Hanisch ./. Goten	10. April 1797	nov. termin d. 25. April	wegen auf des Klägers Namen von Werder und Titius verlangter Seide zum Wickeln, welche naß zurück geliefert

No.	Namen der Parteien oder Rubrique der Akten	Datum der Klage	Laage der Sachen	Gegenstand
8	Hesse Gebrüdern ./. Karciussin	2. Dec. 1796	Ausmittelung des Aufenthalts	Verlaßung der Fabrik
9	dieselben ./. Eben	18. April 1797	termin instruct. den 25. April 97	Ausbleiben ohne Kündigung und abgetragener Schuld
10	Krüger ./. Pages	22. März 1796	VergleichsUnterhandlung termin den 27. April 97	Einbehaltung des Arbeitszeugs
11	Lineke ./. Werde & Titius	27. Dec. 1796	termin jurat. den 25. April 97	wegen Ausstellung eines beßeren Scheins und darauf gegründeter Anforderung
12	Lagerhaus Entreprenneus ./. Herse	10. April 1797	termin instruct. auf den 25. Apr. 97	SchadensErsatz
13	Lüdge ./. Cober	30. Januar 1797	in termin execut.	zurückverlangter Vorschuß von 38rthl.
14	M. Marcus und Meyer Ruben ./. Pfesner	18. Aug. 1796	nov. termin instruct. den 25. April 97 der Bekl. ist verschiedenemale verreist und der Aufenthalt des Bekl. unbekannt gewesen	wegen einbehaltener Kette und Einschlag
15	Mangoldt ./. Kessler	27. Oct. 1796	Vorladung des Kessler ad termin d. 25. Apr.	wegen schuldiger 163 rthl. 6 gr.
16	Paul ./. Auenreich und Neumann	6. Jan. 1797	in terminus execut ./. Neumann	Entweichung aus der Arbeit und Abmachen ohne Schein
17	Rohrbeck ./. Thiemen	19. apr. 1797	termin instruct. den 25. April 97	wegen nicht abgelieferter gewickelter Seide
18	Schultze ./. Fritze	11. Apr. 1797	term. instruct. den 26. April 97	wegen zu erteilenden Abschied und Lohn
19	Tietz ./. Engel	27. Dez. 1796	termin publ. des Entscheids d. 25. Apr. 97	Annahme der Streicherin Jahrmarckt. ohne Schein

No.	Namen der Parteien oder Rubrique der Akten	Datum der Klage	Laage der Sachen	Gegenstand
20	Wöhlermann et Natusch ./. Dieterich	28. Maii 1796	termin zur Vernehmung des Dieterich und Friedlander den 26. April 97	Debauchirung des Dieterich und von diesem zu ersezzendem Vorschuß
21	H. Benj. Wulff ./. Bey	19. April 1797	termin instruct. den 24. April 97	Entweichung aus der Arbeit
22	Hartlieb ./. Henning und Bernhard	18. April 1797	termin instruct. den 24. Apr. 97	wegen nicht abgelieferter Kette und Annahme ohne Abschied
23	Poesch ./. Ibzig oder Isaac Wulff	30. Juni 1796	Acta sind mittelst Berichts v. 21. März 97 an E. H. General Direct. eingesandt	wegen von des Poesch Arbeiter'gekaufter MetallAbgänge
24	Hiller ./. Arlt et Cons.	11. April 1796	Zum Spruch bei der Criminal Deputation E. H. Kammergerichts vorzulegen mittelst Berichts v. 23. März 97 an E. H. General Direct. eingesandt	wegen versezter zum Bleichen gegebener Waaren
25	Sieburg ./. W. Fricke B. Westphalin	11. Nov. 1796	Berichtet an E. H. Gen. Direct. den 15. Apr. 97 acta z. S. vorlegen zu lassen	wegen in Versaz genommener und an sich gekaufter 3 Stück Jeannette

Anlage 2

Zentrales Staatsarchiv, Dienststelle Merseburg,
Allg. Verw. Rep. 9 C 6 c 2 Fasc. 14
Acta betr. zum Zuchthaus Spandau Verurteilte 1734

Ex officio
Allerdurchlauchtigster Großmächtigster König,
Allergnädigster König und Herr

Das hiesige Stadtgericht
stellet Allerunterthänigst vor,
ob nicht der Tagelöhner Ludwig
Liebert seiner begangenen Diebereyen
halber biß zur verspürten Beßerung
nach Spandau ins Zucht- und Arbeits
Hauß zu bringen.

Der Tagelöhner Ludewig Liebert, 26 jahr alt, auß Charlottenburg gebürtig, ist bereits wegen Diebstahl 2 mahl arretieret, wieder ihn inqviriret, auch 2 mahl bestraffet worden, es hat sich selbiger aber an die Straffe nicht gekehret, sondern sich de novo gelüsten laßen, vor gar kurtzer Zeit bey den Tagelöhner Kluge, auff deßen Hoffe vorm Strahlauer Thor bey nächtlicher Zeit einzusteigen, vorerst einige stücken Holtz zum wegkarren zu sammen zu suchen, nachgehends die daselbst befindliche Leiter an die Lucke des Hauses hinzusetzen, ins Hauß herein zu steigen, das darin sich auffhaltende Huhn wegzunehmen, worüber aber die Leuthe im Hauße erwachet, der Dieb also an seinem fernern Vorhaben gestöret, und wie jene Lärmen gemacht, Dieser in arrest gezogen worden;

Auff vorhergegangene Examination gestehet Inqvisit dieses alles zu, außgenommen, daß Er negirt, wie er nicht eingeklagter maßen über den Zaun gestiegen, sondern den Thorweg offen gefunden habe, welches Ihm, wenn es sich auch also verhalte, wenig zu seiner Defension helffen kann; Bey solcher der Sachen Beschaffenheit, wir beyliegende acta Inqvisitionalia mit mehrern Anzeigen, stellen Ew. Königl. Majest. allerunterthänigst anheim, ob gedachter Inqvisit Liebert seiner begangenen Diebereyen halber nicht nach Spandau ins Zucht und Arbeits-Hauß bis zur verspürten Beßerung zu bringen, weil nicht zu vermuthen, daß wenn Inqvisit, wie vorhin bestraffet und in Freyheit gesetzet, er von seiner üblen Neigung ablaßen werde oder wie sonst Ew. Königl. Majest. zu verordnen geruhen mögten, ... wir in tiefster Submission Verh ... Ew. Königl. Majestät.
Allerunterthänigste Praesident und Assesores des
Stadtgerichts hiesigen Königl. Residenzien
gez. 5 Unterschriften

Berlin, den 10ten Juny 1734

Churmark

den 14. Jun. 1734
Ludwig Liebert
wegen reiterirten Diebstahls

Fridrich Wilhelm König &
Ihr empfanget nebenliegend zurück sämbtliche wieder Ludwig Lieberten, wegen reiterirten Diebstahls auffgenommene, unter dem 10 ten hujus, eingesandte Inquisitions-Acta, mit dem allergnädigstem Befehl, gedachten Dieb, Eurem Krafft dieses von Uns allergnädigst approbirten Vorschlags gemäß, nach Spandow bis zur

verspührten Beßerung, ablieffern zu laßen. Die zu des InquisitenAnnehmung nöhtig Ordre gehet hierbey und Wir &

Berlin, den 14ten Junii 1734 An hiesiges Stadt-Gericht

Seine Königl. Majest. in Preußen & befehlen dero & Pertsch, einen Tagelöhner, Nahmens Ludwig Lieberten, auff Vorzeigung dieser Ordre, und, wann hiesiges Stadt-Gericht Inquisitum lieffert, anzunehmen, und, wegen reiterirten Diebstahls, bis zur verspühreten Beßerung, nach gedachten Stadt-Gerichts approbirten Gutachten, zur Arbeit anhalten zu laßen.

Sigl. Berlin, den 14ten Junii 1734 Ordre an Pertsch

Anlage 3

Strafsache gegen Anna Dorothea Heinicken

Aus: ZSTA, Dienststelle Merseburg, Allg. Verw.
Rep. 9 L. L. 4 – L. L. 4b Bl. 14 ff.

Friedrich König etc.
Wir belaßen es lediglich bey des Criminal Collegii cum Actis, in Originalibus, anliegendem wieder Anne Dorothee Heinickin in pto versetzten Goldes und Silbers aus der Manufactur, ertheiltem Krafft dieses confirmirten Gutachtens, welchem zu Folge Inquisitin mit dem Original-Beschluß zu Sechs-Monatlicher Spinn-Hauß-Arbeit abgelieffert werden soll, wie Ihr dann ratione publicationis et executionis zu verfügen habt. Sind etc. Berlin, den 1 ten Julii 1743 An das Hoff- und CammerGericht

– · –

Seine Königl. Mt. in Preußen, befehlen dem p. Bethmann Anne Dorothee Heinickin wegen versetzten Goldes und Silbers aus der Manufactur, auff Vorzeigung dieser Ordre, und, wann das Cammer-Gericht Inquisitin lieffern läßet, anzunehmen, in conformitet des Criminal-Collegii confirmirten Urthels, zu Sechs-Monatlicher Spinn-Hauß-Arbeit anhalten und mit Ablauff der gesetzten Zeit wieder loß zu lassen.
Sigl. Berlin, den 1 ten Julii, 1743

– · –

Allerdurchlauchtigster p. p.
Auf die vom hiesigen Hoff und Cammergericht eingesandte und vor demselben, wieder Annam Dorotheam Heinicken, 32 Jahr alt so sich mit Gold und Silber-Arbeit ernähret, in Puncto versetzten Gold und Silbers aus der Manufactur, verhandelte Inquisitions-Acta, erachten, nach fleißiger derselben Verlesung und Collegialischer Erwegung, wir hiermit für Recht und gedachten Actis gemäß.

Ist Inquisit, auf Requisition hiesiger Gold und Silber Manufactur, da derselben bey geschehener ablieferung 3 Pfund 8 15/16 Loth Gold Faden und 1 Pfund 31 1/8 Loth Silber Faden, so zusammen am werth 144 rthl. 7 gr. betragen, gefehlet, arrestiret, und dieserhalb sowohl Summarisch als ad articulos vernommen worden. Hat auch Inquisitin gestanden, daß sie der Gold Manufactur 144 rthl. 7 gr. würklich restire, Fol. 9 und verschiedene Juden angegeben, bey denen sie nebst was noch unter ihren Effecten gefunden worden 2 Pfund 8 3/4 Loth Gold und 1 Pfund 16 15/16 Loth Silber versetzet habe. Sind auch solche Juden abgehöret, haben aber dabey geleügnet, daß bey ihnen ins gesambt von der Inquisitin mehr als 1 Pfund 20 11/16 Loth Golden Gespinste und 30 3/16 Loth Silber Gespinste versetzet worden.

Fol. 11 Seqq.

Welche ihre Außage sie nach Jüdischem Gebrauch beschworen.

Fol. 40

und das Versetzte abgeliefert haben. Ist nochmahls von der Manufactur der rest auf 83 rthl. 6 gr. liquidiret, und da Inquisitin noch 15 rthl. 1 gr. 9 Pf. an Arbeitslohn zu fordern, die gantze Summe was sie noch zu bezahlen schuldig, auf 68 rthl. 4gr. 3 Pf. determiniret worden. Fol. 50.

Ob nun wohl Inquisitin nicht in abrede ist, daß sie die ihr anvertrauet gewesene Gold- und Silber-Fäden versetzet und veruntreuet auch den Schaden, da sie nichts im Vermögen, und die für ihr gemachte Caution nur 20 rthl. beträget, nicht ersetzen kann, es also den Schein gewinnet als wann sie mit der in den Rechten auf den Diebstahl gesetzten Straffe zu belegen, solche auch, da hier ein furtum magnum vorkommt, desto mehr zu schärffen.
Nichts desto weniger aber und alldieweilen dergleichen delictam deßen sich Inquisitin schuldig gemacht, nicht eigentlich für einen Diebstahl zu halten.

pro-prie enim loquendo perfidia non est
furtum, deceptor enim non invadit innocentium
domicitia ut fures

Kress. ad. Const. Crim. Carol. V.

und also auch gelinder zu bestraffen. Ferner Vieles wieder restituiret worden, und auch durch die Caution noch etwas abgetragen werden kann, überdem der Inquisitin, ihrem Vorgeben nach, an 20 rthl. Gespinste von einem Frauens-Mensch gestohlen, und sie durch die äußerste Armuth, da ihr Mann ins dritte Jahr abwesend und sie sich nebst ihren Kindern nicht ernähren können, zu solcher Untreu bewogen worden, auch die intention gehabt, alles nach und nach von ihrem Verdienst wieder einzulösen, art. 18 et 25 Fol. 47 et 48. Endlich ex actis nicht constiret, daß sie jemahls wegen Diebstahl oder begangener Untreu bestraffet worden; so sind wir der allerunterthänigst-rechtlichen Meinung:

daß Inquisitin Anna Dorothea Heinicken
mit sechs Monatlicher Spinn-Hauß-Arbeit
zu bestraffen

Von Rechts wegen

Überlaßen jedoch alles Ew. Königl. Maj. allergnädigsten Genehmigung, und ersterben.

Ew. Königl. Mayt. alleruntertḣänigste zum Criminal-Collegio verordnete Directores und Räthe

Berlin, den 26. Juny 1743

Anlage 4

Strafsache gegen Johann Körner und andere

Aus: ZSTA, Dienststelle Merseburg, Allg. Verw.
Rep. 9 E 16^{II} Fasc. 3 Bl. 38 ff.

Berlin den 16. Sep. 1771
An den hiesigen Criminal Senat
der Graveur in der Porcellain Manufactur Körner,
soll wegen des daraus entwandten und versetzten
Porcellains mit sechs Monaten VestungsArrest
bestrafet werden.

Friederich König p.

Das von Euch unterm 14 dieses eingesandte und cum actis ... Urthel, nacherwehnten Johann Körner, wegen des entwandten und versetzten Porcellains, mit sechs Monatlichen VestungsArrest, deßen Ehefrau Sophia Elisabeth geboh. Waltern mit achttägigem HaußVoigtey Arrest die beyden erstern und beyden letztern Tagen bey Wasser und Brod zu belegen, den Inquisito Johann Gottfried Helge hingegen, der erlittene Arrest zur Strafe anzurechnen, ist von Uns durchgehends confirmiret worden.

Ihr habt also in deßen Conformitet das nöthige überall weiter zu verfügen, auch die zu des Körners Annehmung auf die Vestung benötigte Ordre an das Gouvernement zu Spandau beygeschlossen zu empfangen. Sind p. Berlin,
den 16. Sept. 1771

– · –

An das Gouvernement zu Spandau

S.K.M. befehlen dero Gouvernement zu Spandau hiermit in Gnaden auf Vorzeigung dieses, den Graveur in der Porcellain Manufactur alhier Johann Körner anzunehmen und denselben wegen entwandten und versetzten Porcellains, mit sechs Monatl. Vestungs Arrest belegen nach Verfließung dieser Zeit aber wieder dimittieren zu lassen.

Sigl. Berlin, den 16. Sept. 1771

– · –

Allerdurchlauchtigster Großmächtigster König,
Allergnädigster König und Herr!
In der Anlage überreichen wir alleruntertkänigst, das wieder einige Arbeiter von der hiesigen Porcellain-Manufactur, Koerner et Consorten, abgefaßte Criminal Erkänntnis cum Actis, und ersuchen Euer Königlichen Majestaet allergehorsamst:

uns die Ordre an den Commendanten der Veste Spandau, allergnädigst zu ertheilen.

Die Warnungs Anzeige würden wir mit Übergehung der geringen Strafen allerunterthänigst dahin in Vorschlag bringen: daß ein Arbeiter der hiesigen Porcellain-Manufactur, weil er Königl. Porcellain, unter dem Schein eines ehrlichen Besitzes, zu versetzen gewußt, obgleich alles restituirt worden, dennoch mit Sechs-Monatlichen Vestungs-Arrest bestraft worden sey. Die wir in tiefster Devotion ersterben, Euer Königlichen Majestaet alleruntertbänigste und verpflichtetste zum Criminal-Senat verordnete Director und Rähte Berlin den 14 ten Sept 1771

– · –

Auf die von den hiesigen Porcellain Manufactur Gerichte wieder den Poussirer Anton Gottfried Helge, ingl. den Graveur Johann Koerner und deßen Ehefrau, wegen entwandten und versetzten Königl. Porcellains, verhandelte Untersuchungs Acten, Erkennen wir Friedrich von Gottes Gnaden König in Preußen pp. denen Acten gemäß hiermit für Recht: daß der Inquisit Johann Koerner wegen seines Vergehens mit sechsmonathl. Vestungs Arrest h.f. und deßen Ehefrau Sophie Elisabeth geb. Waltherin mit achttägigen Hausvoigteyarrest, die beiden ersten und beiden letzten Tage bey Wasser und Brod zu belegen, den Inquisito Johann Gottfried Helge hingegen der erlittene Arrest zur Strafe anzurechnen, und er nunmehro daraus zu entlassen sey;
Sämtl. Inquisiten und Inculpanten auch gehalten; die Gebühren für die Erkenntniß mit vier rthl. nebst 14 gr. Schreibe und 6 gr. Bestell Gebühren, welche von dem inquirirenden Judicio des fordersamsten zur Cammer Gerichts Sportul Casse zu entrichten, und demnächst gehörigen Orts wieder einzuziehen, pro ratis, beim Unvermögen des einen oder anderen aber in solidum zu erlegen, im übrigen der verehel. Hellegen wegen des indebite gezahlten Pfandschillings, gegen die Brüssensche Eheleute, in foro civili, quaevis Competentia vorzubehalten, auch des p. Menicke Gebühren, so der p. Helge allein zu erlegen hat, auf 6 rthl. festzusezzen.

V.R.W.

Entscheidungs Gründe
Es hat die Benderin eydl. bekundet, daß sie sämtl. auf 46 rthl. 16 gr. taxirtes Porcellain, von denen Koernerschen Eheleuten zum Versatz erhalten habe, welche ihr vorgemacht hätten, daß der p. Helge solches versezzen ließe. Gegen die Koernersche Eheleute entspringet also der nächste und stärkste Verdacht, einer Entwendung, weil einestheils die entwendeten Piecen, durch ihre Hände zum Versatz gegangen sind, andertheils der Koerner wegen seiner Armuth und schlechten Wirthschaft ein Mensch ist, zu dem man sich der That wohl versehen kan, drittentheils er eine Complicitaet mit dem Helge zugestehen muß, und viertentheils daß

der Augenschein und die Sächsische Mundart keinen Zweifel übrig laßen, daß nicht die Billets, so unter dem fingirten Namen Hetlich an die Brüssen geschrieben worden, um sie zu Annehmung des qu. Porcellains zum Versatz zu bewegen, mit dem Recommendations Briefe / : so unstreitig die Hand des Koerners ist: / von einerley Hand geschrieben worden seyn sollten; nicht zu gedenken, daß p. Koerner zum Theil die Wegnehmung einiger Figuren zugestanden hat. Der p. Koerner ist daher mit einer willkürlich geschärften Strafe zu belegen, bey deren Bestimmung jedoch nicht außer Acht zu laßen, daß sämtl. entwandtes Porcellain restituiret worden ist, und er nicht in Eid und Pflicht gestanden hat. Desgleichen muß in Ansehung deßen Ehegenoßin in billige Erwegung gezogen werden, daß ob sie sich gleich durch Cooperation beym Versazze, eingermaaßen strafbahr gemacht hat, solches doch nur in einem geringen Grade geschehen sey, weil sie ihren Mann nicht verrathen dürfte, und es nicht unmögl. ist, daß sie obgleich auf eine fahrläßige Weise dafür gehalten hat, daß das qu. Porcellain nicht entwandt worden sey.

Anfangend hiernächst den Inquisiten Helge, so scheinet ihr zwar sehr zu gravieren
1) daß das qu. Porcellain fast sämtl. von seinen Eltern ausgelöset worden ist, welches diese nicht nötig gehabt haben möchten, wenn es mit den Sachen des Sohnes richtig gestanden;
2) Weil er zugestehen muß, den Koerner 2. Musen Figuren zum Versezzen durch den Leist geschickt, und davon resp. 8 gr. und 6 gr. erhalten zu haben, ohnerachtet er vorhin alles geleugnet hatte;
3) Weil die Benderin bekundet, daß er sogar in dem Arrest noch 16 gr. für etwas Porcellain erhalten habe;

allein diese dem Anschein nach beschwerende Umstände verlieren bey genauerer Erwegung der Sache ein vieles von ihrem Gewicht. Denn ad 1, haben die alten Eltern des inculpati, bey denen nichts verdächtiges gefunden worden, ihre Unschuld äußerst contestiret, sie sind auch von niemanden inculpirt worden, vielmehr hat die Mutter nicht unwahrscheinl. angegeben, daß sie blos in der Consternation über die Beschuldigungen wieder ihren Sohn, und durch einen unbekannten Mann welcher vorgegeben, ein Freund von der Manufactur ließe ihr das Einlösen anrathen, sich zu der qu. Einlösung habe bewegen laßen. Womit auch die dem p. Helge von seiner Schwester gemachten Vorwürfe, und deßen contertirte Unschuld sehr gut zu convitiiren stehen: zu geschweigen, daß es wahrscheinlich ist, daß der p. Koerner, welcher sich herausgelaßen: Wenn nur das qu. Porcellain eingelöset würde, so dürfte die Sache nicht viel auf sich haben, den unbekannten Mann an die p. Helgin abgeschickt habe.
ad 2, hat zwar Inquisit immer unrecht gethan, allein einestheils hat er immer so viel Geld gehabt, daß er dem p. Koerner davon sogar ansehnliche Vorschüsse hat thun können, ist auch nach dem Zeugniße seiner Eltern ein stiller und ordentlicher Mensch gewesen, bey dem es also an einer üblen Praesumtion ermangelt. Anderentheils hat er blos in so weit gefehlet, daß er um zu Vorschuß zu gelangen, das Versezzen der beiden Puppen befördert, jedoch dabey angeblich in der Meinung gestanden hat, daß der p. Koerner sie wieder zur Stelle bringen werde;

Angesehen die Arbeiter sich dergl. Puppen zu Hause zu nehmen, gewohnt gewesen seyn sollen, um darnach zu modelliren und zu zeichnen, mithin es ihm als einen jungen 20 jährigen Menschen, der nach allen Umständen für den verführten Theil zu achten, nicht so sehr hoch anzurechnen stehet, wenn er es für gleichviel gehalten hat : ob die qu. beiden Figuren eine Zeitlang versetzt gestanden, oder in der Wohnung des p. Koerner gestanden;
ad 3, Siehet man es der Erzehlung der Benderin an, daß in Ansehung der qu. 16 gr. Räncke gestricket worden sind. Der Unbekannte hat auf eine auffallende Weise die Benderin nicht mit dem p. Helge sprechen lassen wollen. Dieser hat sich gegen die Benderin in der folge, weil er nicht deutlich befragt wurde, nicht deutlich erkläret, wofür er die 16 gr. erhalten habe und aus seiner Protestation gegen die Billets und wieder den Vorgang mit den Figuren, läßet sich genugsam abnehmen, daß die 16 gr. blos dem p. Helge zugesandt worden sind, um ihn verdächtig zu machen. Da nun der p. Helge gleichfalls nicht in Eidespflicht gestanden, alles restituiret worden, und er als ein junger Mensch leicht zu verführen gewesen ist, in die Verpfändung der 2 figuren zu willigen, welches Umstandes sich der p. Koerner demnächst auf eine arglistige Weise dahin zu bedienen gewußt hat, ihn noch verdächtiger zu machen; so hat er sich nur eines solches Vergehens schuldig gemacht, welches durch den erlittenen fast 6 wöchentl. Arrest genugsam verbüßet wirken mag; um so mehr, da er wegen der attentirten Entweichung bereits bestraft worden mithin solches Vergehen kein Objektum des jetzigen Erkenntnißes ist. So wie es nur übrigens keinem Zweifel unterworfen, daß der Inquisit Helge weil er noch nicht in Reihe und Gliedern gestanden, bisher als ein Arbeiter der Porcellain Manufactur denen Civilgerichten unterworfen gewesen, also auch nach obigen, Veranlaßung genug vorhanden, der Mutter des p. Helge, gegen die Brüssenschen Eheleute in foro civili quaevis Competentia zu reserviren. Und da letztern dabey allem Anschein nach succumbiren dürften, so werden sie /: welchen sonst kein Dolus zur Last fällt:/ für ihre Unvorsichtigkeit bey dem qu. Pfandnehmen, hinlänglich bestraft worden, zumalen der Regress gegen die Koernersche Eheleute wegen ihrer Armuth plane manis seyn mögte.
Criminal Senat.

Anlage 5

Eid eines Hüttenarbeiters

Novum Corpus Constitutionum Prussico Brandenburgensium praecipue Marchicarum – Verordnungen von 1769,

Beylage C

ad No. 33

Nachdem ich bey dem Hütten-Werck (Hammer-Wercke) zum ....
angenommen und bestellet worden; So schwere zu Gott dem Allmächtigen einen wahren und cörperlichen Eyd, daß ich alles dasjenige, was mir zu thun oblieget, mit

aller Treue und Fleiß verrichten, Schaden und Nachteil, meinem äußersten Vermögen nach getreulich abwenden, dasjenige was in der Hütten- und Hammer-Ordnung befohlen ist, veste und unverbrüchlich halten, den mir vorgesetzten Bedienten allen gebührenden Gehorsam leisten, und dasjenige, was mir von ihnen zu thun aufgegeben wird, getreulich ohne Wiederrede verrichten, alles was zu Beförderung und Aufnahme des Wütten-Wercks (Hammer-Wercks) gereichet, wahrnehmen, . . .

Anlage 6

Aus: Staatsarchiv Potsdam, Prov. Brandenburg, Rep.
30 A Berlin, Tit. 12 Nr. 79, Vol. 1, Bl. 25

Nachdem bißanhero bey dem Policey=Directorio
und denen Gerichten viele Klagen eingelauffen,
daß von denenjenigen, welche Spinn-Stuben halten,
und verlegen, verschiedene gewaltsahme Bedrückungen und Bevortheilungen gegen ihre Spinner und Arbeiter ausgeübet worden, und solches mehrentheils daher seinen Anfang genommen, daß denen auf eigene Hand sitzenden, und andern Weibes-Persohnen Vorschuß an Gelde gegeben, oder auch gar von einer Spinn-Stube aus der andern ausgelöset, und sie an sich gebracht, so dann der Lohn, denen Spinnern gekürtzet, Interessen vom Vorschuß erpresset, sie mit Victualien statt baaren Geldes bezahlet, auch wohl gar in privat Arrest auf denen Spinn-Stuben gehalten werden.

So wird auf Sr. Königl. Majestät unterm 30. Oct. ergangenen allergnädigsten Befehl hiermit von Obrigkeits wegen verordnet, daß von nun an, aller Geld Vorschuß und Auslösung derer Spinners von einer Spinnerey in die andere bey Strafe vierwöchentlichen Arrests gäntzlich verbothen seyn solle, und falß ein Spinnhalter sich führohin unterstehet, denen Spinners Vorschuß zu thun, oder sie mit Victualien statt Lohns an baarem Gelde zu bezahlen; So soll derselbe seines Vorschusses und Auslösung nicht allein sofort verlustig erklähret, die Spinnere aus seiner Spinnerey entlassen, sondern er auch über dieses mit obiger Strafe beleget werden.

Wie unter gleichmäßiger Bestraffung denn auch dergleichen Auskauffungen und verderblicher Vorschuß bey denen Nähsters und Stückers hinführo cefliren und aufhören soll; Gestalt denn deshalber öfftere Visitationes von denen Polecey-Bedienten gehalten, und ob dawieder gehandelt werde, examiniret werden soll.

Wie dann E. Hochlöbl. Gouvernement auf geschehene gebührende Requisition, denenjenigen Soldaten, so Spinnereyen halten, sich nach obigen zu achten, ebenfals anbefehlen lassen.

Berlin, den 16 November 1754
Königl. Preußl. Policey-Directorium.

Anlage 7

Aus: STA Potsdam, Prov. Brandenburg, Rep. 30 A Berlin,
Tit. 12 Nr. 79, Vol. 1, Bl. 51

Verordnung

Wornach die hiesige Spinnhaltere und Nähsters sich gehorsamst zu achten.

Nachdem auf Seiner Königl. Majestät allergnädigsten Befehl, wegen verschiedener gewaltsamer Bedruckungen und Bevortheilungen der Woll-Spinner und Arbeiter, welche mehrentheils daher ihren Anfang genommen, daß denen auf eigene Hand sitzenden und andern Weibs-Personen Vorschuß an Gelde gegeben, oder auch gar von einer Spinn-Stube aus der andern ausgelöset und sodann der Lohn denen Spinnern gekürtzt, Interessen vom Vorschuß erpresset, sie mit Victualien statt baaren Geldes bezahlet, auch wohl gar in Privat-Arrest auf denen Spinn-Stuben gehalten worden, schon unterm 16. Novembr. 1754. verordnet und bekannt gemacht worden:

> Daß aller Vorschuß und Auslösung derer Spinnere von einer Spinnerey in die andere bey Strafe vier wochentlichen Arrests gäntzlich verbothen seyn, und falls ein Spinnhalter sich fürohin unterstehet, denen Spinnern Vorschuß zu thun, oder sie mit Victualien statt Lohns an baaren Gelde zu bezahlen, derselbe seines Vorschusses und Auslösung nicht allein sofort verlustig erkläret, die Spinner aus seiner Spinnerey entlassen, sondern er auch überdem, mit obiger Strafe beleget werden, auch ein gleiches bey denen Nähstern statt haben soll.

Dem ungeachtet aber diese Verordnung von einigen nicht beobachtet, sondern gantz ausser Acht gelassen werden will;

So wird zu Jedermanns Wissenschafft und schuldigster Befolgung dieselbe hiemit anderweit publiciret.

Berlin, den 3 ten August 1762

Königl. Preußl. Policey = Directorium.
Kircheisen.

Anlage 8

Aus: ZSTA, Dienststelle Merseburg, Gen.-Dir.,
Fabr.-Dept., Tit. CDLXI, No. 1, Bl. 21

AVERTISSEMENT

Auf Sr. Königl. Majestät allergnädigsten Special-Befehl wird nachstehendes Gesetz und Verordnung, wegen der Strafe, womit sowohl die untreuen Arbeiter in denen Wollenen-Baumwollenen-Zeug-Leinewandten- und anderen Fabriquen, welche die ihnen zum Verarbeiten gegebene Materialien, als auch die Heeler und Abkäufer solcher veruntreuten Fabriquen-Materialien belegt werden sollen, hiermit bekannt gemacht:

Da verschiedentlich Klage geführet worden, daß die Woll-Manufakturen, in Absicht der unaufhörlichen Diebereyen sehr viel leiden, in dem unter den vielen Menschen, die dabei arbeiten, sich immer einige finden, die sich durch Faulheit und Liederlichkeit hinreissen lassen, sich dieser schändlichen Vergehung teilhaftig zu machen.
So wird zu Verhütung und Abhelfung dergleichen fernere Klagen folgendes hiermit festgesetzet:

1.

Soll der oder diejenige, welche 1, 2, 3, oder mehrere Loth oder Pfunde von Wolle, Leinen-Garn und überhaupt Fabriquen-Materialien gestohlen, oder das gestohlene verkaufet haben, und deshalb überführet worden, oder den Diebstahl eingestanden haben nach Proportion des Diebstahls etliche Stunden öffentlich zur Schau ausgestellet, und die Ursachen ihrer Bestrafung auf einen grossen Zettul verzeichnet auf die Brust geheftet werden.

2.

Sollen überdem sowohl der Arbeiter, welcher gestohlen, als auch der Käufer dieses gestohlnen Garns oder Fabriquen-Materialien den vierfachen Werth von dem gestohlnen Garn oder Materialien, ausser der simplen Erstattung an den Eigenthümer als eine Strafe bezahlen, worüber beyde in solidum haften, dergestalt, daß wenn der eine die Erstattung nicht leisten kan, solche von dem anderen geschehen muß. Sollten sie diese Strafe, wovon der Denunciant die Hälfte erhält, die andere Hälfte aber zur Manufactur-Straf-Casse fließet, nicht bezahlen können; So wird alsdann eine proportionierliche Leibes-Strafe statt dessen festgesetzet werden.

3.

Sollte die Anzeige von dem Diebstahl durch den Dieb selbst, oder den Heeler geschehen, so hat sich ein solcher, im Fall die Denunciation bewiesen wird, zu versichern, daß ihm nicht nur die Strafe gänzlich erlassen, sondern auch dessen Nahme verschwiegen werden wird.

Berlin den 22ten Dec. 1768
Königl. Preußl. Policey-Directorium.

Anlage 9

Aus: ZSTA, Dienststelle Merseburg, Gen.-Dir.,
Fabr.-Dept. Tit. CDLXI, No. 1, Bl. 158

Die in Seide arbeitende Fabricanten, so wie auch die Königl. Gold- und Silbermanufactur in Absicht ihrer Moulinage haben verschiedentlich große Beschwerden geführet, daß es Leute giebt, die sich ein Gewerbe daraus machen, die Kettenscheerer oder Seidenwickler und Doubleurs zum Verkauf der in Arbeit habenden Seide oder Seidenkretze zu überreden, ihnen sogar zur Entwendung die Anschläge an die Hand geben, und daß diese Arbeiter die ihnen anvertraute Seide, Floretseide oder Garne wirklich veruntreuen, solche ins geheim verkaufen, und alsdann, um das fehlende Gewicht wieder völlig zu machen, entweder die Rollen oder die Seide oder Garne anfeuchten, wodurch denn sehr oft die Seide oder Garne gänzlich verdorben werden, oder die Rollen, worauf die Seide gewickelt, durch Bleyeingiessung schwerer zu machen, durch welche Betrügereyen denen Fabriquen doppelter Schaden verursacht wird. Da nun durch das unterm 22. Decbr. 1768 auf allerhöchsten Königl. Befehl publicirte Avertissement gesetzlich bereits feststehet:
1) Daß derjenige, welcher 1, 2, 3, oder mehrere Loth oder Pfunde von Wolle, leinen Garn, und überhaupt Fabriquenmaterialien gestohlen, oder das Gestohlene verkauft, und deshalb überführet worden, nach Proportion des Diebstahls etliche Stunden öffentlich zur Schau ausgestellet, und die Ursach seiner Bestrafung auf einem großen Zettel verzeichnet, auf die Brust geheftet werden soll.
2) Daß sowohl der Arbeiter, welcher gestohlen, als auch der Käufer dieses gestohlenen Garns oder Fabriquenmaterials den vierfachen Werth von dem gestohlenen Garn oder Materialien ausser der simplen Erstattung an den Eigenthümer, als eine Strafe (von welcher der Denunciant die Hälfte zu erhalten hat, die andere Hälfte aber zur Manufactur-Strafkasse fließet) bezahlen, beyde auch dafür in s o l i d u m haften sollen, dergestalt, daß wenn der eine die Erstattung nicht leisten kann, solche von dem andern geschehen muß, und wenn sie diese Strafe nicht bezahlen können, alsdann eine proportionirliche Leibesstrafe statt dessen festgesetzet werden soll.
3) Daß, falls die Anzeige von dem Diebstahl durch den Dieb selbst, oder den Hehler geschehen sollte, selbiger, im Fall die Denunciation bewiesen wird, nicht nur von aller Strafe gänzlich verschonet, sondern auch dessen Name verschwiegen werden soll; So wird dieses Avertissement dem Publico nicht nur wiederum in Erinnerung gebracht, sondern auch namentlich auf die Gold-Silber- und Seidenfabriquen hierdurch mit gerichtet, und Jedermann ernstlichst verwarnet, weder von denen im Eingang dieses Avertissements benannten Leuten, noch von denen Arbeitern das Geringste von Seide, Garn oder Seidenkretze, es sey unter welchem Vorwand es wolle, zu kaufen, oder darauf zu leihen, oder die hierinn benannte Bestrafung ganz ohnfehlbar zu gewärtigen, und ist das hiesige Policey-Directorium angewiesen worden, hierauf mit der strengsten Aufsicht zu halten.

Signatum Berlin, den 23. März 1785.

Auf Sr. Königl. Majestät allergnädigsten Special-Befehl.

Anlage 10

Aus: ZSTA, Dienststelle Merseburg, Gen.-Dir.,
Fabr.-Dept., Tit. CDLXI, No. 1, Bl. 120

Publicandum.

Da Seine Königliche Majestät von Preußen p. p. p. Unser allergnädigster Herr, bey der verbesserten Einrichtung des Fabriken-Wesens in Höchstdero Landen, besonders in den Residenz-Städten Berlin und Potsdam, zugleich auch auf eine zweckmässige Einleitung und Behandlung der dabey vorkommenden Rechtssachen, Allerhöchstdero Augenmerk gerichtet, und daher in einem unterm 23sten December pr. vollzogenen Reglement die Einrichtung der Fabrikengerichte in den benannten beyden Städten, so wie die Grundsätze des dabey zu beobachtenden Verfahrens, näher bestimmt haben; so sind Allerhöchstdieselben bey dieser Gelegenheit auch bewogen worden, die wegen der Fabriken-Diebstähle und der dabey mit eintretenden Diebesheelereyen ergangenen Strafgesetze revidiren zu lassen; und da sich gefunden, daß die darinn geordneten Geldstrafen größtentheils nicht zweckmäßig sind, die Strafe der öffentlichen schimpflichen Ausstellung aber den Charakter der Volksclasse, zu welcher die Fabrikenarbeiter gehören, zu sehr herabsetzt, die Absicht der Besserung in den meisten Fällen vereitelt, und dem Bestraften, wenn er sich auch wirklich gebessert hat, die Wege zu seinem weitern Fortkommen zu sehr erschwert; so haben Seine Königliche Majestät resolvirt, mit Aufhebung dieser ältern Strafgesetze, nachstehende Vorschriften, wie diese Gattung von Verbrechen künftig bestraft werden soll, festzusetzen.

I.

Die Diebstähle, welche von Fabrikenarbeitern an den ihnen anvertrauten Materialien, Utensilien, Werkzeugen und anderen Effekten begangen worden, sollen künftig als Hausdiebstähle angesehen und bestraft werden.

II.

Wenn der Werth des Entwendeten Fünf Thaler oder weniger beträgt, so soll es von dem Entreprenneur der Fabrike abhangen, ob er das Verbrechen rügen und zur Bestrafung anzeigen wolle. Findet der Entreprenneur in Rücksicht der besondern Umstände des Falles, und wegen der wahrscheinlichen Hofnung künftiger Besserung, rathsam, dem Arbeiter sein Vergehen für diesmal nachzusehen, so soll das Fabriken-Gericht nicht schuldig seyn, eine Untersuchung darüber von Amtswegen zu veranlassen.

III.

Wird aber die Entwendung von dem Entreprenneur gerügt, oder übersteigt der Werth des Entwendeten die Summe von Fünf Thalern, so soll die Sache von dem Fabriken-Gericht nach der ihm ertheilten Instruction ordnungsmäßig untersucht, auch über die Bestrafung des Verbrechens rechtlich erkannt werden.

IV.

Beträge der Werth des Entwendeten nur zehn Thaler oder weniger, so findet Gefängnißstrafe von vier und zwanzig Stunden bis zu vierzehn Tagen statt; jedoch unter folgenden Maasgaben:

1) Zur Vollstreckung solcher Gefängnißstrafen sollen nur arbeitsfreye Tage, also jederzeit Sonn- und Festtage gewählt werden, in welchen der Verbrecher die sich vorgesetzten Vergnügungen entbehren muß; dergestalt, daß er den Abend vorher in das Gefängniß gebracht, und den auf Sonn- oder Festtag folgenden Tag des Abends wiederum entlassen, wenn aber auf mehr als 48stündiges Gefängniß erkannt worden, dasselbe in dieser Art, so oft, als es zur Erfüllung der festgesetzten Strafzeit erforderlich ist, wiederholt werden muß.
2) Das Gefängniß selbst muß so eingerichtet seyn, daß es dem Verbrecher darinn zwar nicht an der nöthigen gesunden Luft ermangele, wohl aber derselbe alles Tages- und andern Lichts in seinem Behältnisse entbehren müsse.
3) Es muß ihm darinn keine Gesellschaft und kein Zuspruch, es sey unter welchem Vorwande es wolle, gestattet werde.
4) Er muß den erkannten Arrest blos bey Wasser und Brod aushalten; dergestalt, daß er weder andre Nahrungsmittel oder Erfrischungen, noch Rauch- oder Schnupf-Taback in dem Gefängniß genießen könne.
5) Wenn ein Arbeiter, der auf diese Art wegen begangenen Diebstahls schon einmal bestraft worden, dessen zum zweytenmale sich schuldig macht; so soll die Gefängnißstrafe, der Dauer nach, verdoppelt; bey einer fernern Wiederholung aber, das Verbrechen, ohne Rücksicht auf den Werth des Entwendeten, als ein großer Hausdiebstahl angesehen und bestraft werden.

V.

Gegen einen großen Diebstahl, d. h. einen solchen, wo der Werth des Entwendeten die Summe von Zehn Thalern übersteigt; oder wo, ohne Rücksicht des Gegenstandes, das schon zweymal bestrafte Verbrechen zum drittenmale begangen worden, soll Festungs- oder Zuchthausstrafe mit Willkommen und Abschied, auf mehrere Monathe und Jahre, nach näherer Bestimmung des Allgemeinen Gesetzbuchs Th. II. Tit. XX. §. 1140, 1158, 1162. gegen den Verbrecher statt finden.

VI.

Gegen diejenigen, welche von Fabrikarbeitern dergleichen entwendete Materialien, Waaren oder Geräthschaften gekauft oder zum Pfande angenommen haben, bleibt es bey den Verordnungen des Allgemeinen Gesetzbuchs Th. II. Tit. XX. §. 1231, 1247, wornach dieselben, wenn sie gewußt haben, daß die Sachen gestohlen sind, als gemeine Diebe; und wenn gleich die Wissenschaft nicht klar, die Annahme zum Kaufe oder Pfande aber mit Verabsäumung der gesetzlichen Vorsicht geschehen wäre, mit nachdrücklicher Geld- oder Gefängniß-Strafe, auch, nach Bewandniß der Umstände, mit dem Verlust ihres Gewerbes, bestraft werden sollen.

Seine Königliche Majestät befehlen also hiedurch, daß diese Vorschriften, wegen Bestrafung der Fabriken-Diebstähle und Diebesheelereyen, sogleich nach Publication der gegenwärtigen Verordnung von jedermänniglich, besonders aber von den Fabriken-Gerichten und der Criminal-Deputation des Cammergerichts genau befolgt, und der Innhalt derselben, außer der gewöhnlichen Publication, sowohl den Fabrikarbeitern bey ihrer Annahme, als den Trödlern und Pfänderverleihern in Berlin und Potsdam noch besonders bekannt gemacht werden soll.

Urkundlich ist gegenwärtiges Publicandum von Seiner Königlichen Majestät höchsteigenhändig vollzogen und mit Höchstdero Königlichem Innsiegel bedrucket worden. So geschehen und gegeben zu Berlin, den 29sten Januar 1793.

Friedrich Wilhelm.

L. S.

Carmer. Struensee.

Anlage 11

Aus: Staatsarchiv Potsdam Pr. Br. Rep. 30 Berlin A, Polizei.-Dir., Acta Justiz Visitation bei dem Fabrik Gericht betreffend 1797–1801
Tit. 369, Nr. 6, Bl. 13 ff.

Von Gottes Gnaden Friedrich Wilhelm König von Preußen & Unseren gnädigen Gruß zuvor. Hochgelahrter, Lieber Getreuer! Nachdem die zu einer extraordinairen Justiz Visitation bei Eurem Gerichte verordnete Commissarien Geheimen OberFinanzrath Wloemer und Kammergerichtsrat Rudolphi Ihren Bericht an Uns erstattet haben, finden Wir daß dem Reglement vom 23 ten December 1792 nicht überall nachgelebt, sondern sich bei Verwaltung der Justiz in den Fabrik Sachen noch mancherlei Fehler und Unordnungen eingeschlichen haben.

Damit solche künftig vermieden und die Euch in Fabriken Sachen übertragene Justiz Pflege überall nach den Vorschriften der allgemeinen Gerichts-Ordnung und des Reglements vom 23 ten December 1792 administrirt werde, wollen wir Euch hiermit nachstehendes zu Eurer Direktion bekannt machen.

Hat es zwar völlig Unseren Beifall, daß Ihr das Journal über die einkommenden neuen Klagen und übrigen Eingaben eingeführt habt. Es müssen aber auch von Euch dem Director der Fortgang der Sachen darnach oft collationirt und die Acten von Zeit zu Zeit revidirt werden.

Mehrere von den, durch die Commissarien durchgesehenen Acten haben ergeben, daß die Hauptabsicht des Reglements vom 23 ten December 1792 laut welcher die Fabriken Justiz-Sachen mit vorzüglicher Schnelligkeit bearbeitet werden sollen, noch nicht überall erreicht wird. Um dieses zu bewürken, müssen

1. Die Decernenten statt auf die eingekommenen neuen Sachen die vorschriftsmäßigen Vorladungen der Partheien oder sonst das erforderliche zur Einleitung, Instruction oder Untersuchung zu verfügen, solches niemals dem Fabriken Justiz Assesor allein überlassen.

vide Acta Stumpf ./. Albrecht de 1795
Doeny ./. Nietern de 1796

Daß ein solches Verfahren ganz vorschriftswidrig sei, und nur zur unnützen Verschleppung der Sache gereichen, ist einleuchtend, da eben deshalb die Decernenten ernannt werden, damit sie die Einleitung der Sachen dirigiren, und die Instruenten bei der Instruction controlliren.

2. Findet sich, daß die in allen Sachen, ohne Rücksicht auf das Objekt der Klage die Partheyen nur mündlich ohne Abschrift eines Decrets citirt werden, daher die Termine, da den Partheien das gesetzliche praejudiz, so aus dem Nichterscheinen erwächst, nicht bekannt gemacht werden, sehr vervielfältiget, und dadurch die Sachen gar sehr verzögert werden;

vide Acta Spaltholz ./. Ohmann und Reimann de 1796 in welcher geringfügigen Sache 8. Termine angesetzt worden, wodurch ein Auffenthalt von 7. Monathen entstanden ist.

Den Arbeitern ist jede Stunde Versäumniß mehrer empfindlicher Verlust, und daher sind ihnen Gänge und Termine möglichst zu ersparen. Nach dem bisherigen modo citandi hat kein Verfahren in contumaciam substantiirt werden können, sondern es ist so oft citirt, bis endlich beide Teile sich zusammen eingefunden haben, und die Parteien sind dadurch in die Meinung gesetzt, daß sie gar nichts in contumaciam zu befürchten haben, welches sich hin und wieder aus den frivolen Ursachen des Ausbleibens besonders bei den Fabriken Herren vermuten läßt.

Ihr habt daher, und weil nicht immer bei der Klage der Betrag des Objecti citis sich einsehen läßt, in allen Sachen schriftliche Citationes zu erlassen. Damit aber Eure Kanzlei dadurch nicht zu sehr chargirt wird, so habt Ihr Euch sowohl zur Original-Citation als zu den Duplicaten gedruckte Formulare mit kurtzer deutlicher Beschreibung der Folgen des Nichterscheinens zu bedienen, deren Ausfüllung nur wenige Worte erfordert.

Bei den im Lauf des Prozesses zu erlaßenen Verfügungen muß denen abschriftlich zu erteilenden Decreten oder resolutionen das Praejudiz im Nichterscheinungsfall gleichfalls angehängt werden.

Die Termine besonders die ersten müssen auch nicht zu kurtz angesetzt werden. Damit wird Beschleunigung beabsichtiget aber nicht erhalten. Es ist nicht zwischen Zeit genug, prorogation zu suchen und dem Kläger solches bekannt zu machen, da dann dieser mit vergeblichem Erscheinen sich versäumt. Es wird daher gut sein, die erste Citation, wenn kein periculum in mora vorhanden, auf 14 Tage zu richten, die prorogation darf nur auf 8 Tage gehen, und wenn in weitläufigen Sachen noch mehrere Termine zur Instruction nöthig sind, so können dieselben sofort mit beiden Partheien auf einen beliebigen, selbst auf den folgenden Tag verabredet und in fine protocolli registrirt werden.

3. Müßt Ihr auch in geringfügigen Sachen die Vorschrift der Allgemeinen Gerichts-Ordnung Tit. 26 § 4 nicht außer Acht laßen. Wenn indeßen die mehrsten Civil Prozeße, bloß Vorschuß, rückständiger Lohn, schlechte Arbeit oder Materialien und ungebührliche Verlassung der Arbeit betreffen, so habt Ihr wenn das factum nicht verwickelt ist, und Huic inde auf mehrere Beweise beruht, in demselben Termin nach der Litis contestation in fine protocolli kurtz zu bemerken, was zugestanden ist und strittig geblieben, solches mit dem, worauf es in der Sache ankommt, den Partheien vorzuhalten und die Angabe der Beweismittel zu erfordern.

4. findet sich, daß den Nuntiis zu Vorladung der Parteien die Acten zugestellt werden. Dies muß künftig als vorschriftswidrig unterbleiben, ist auch nicht nötig, wenn der Vorschrift ad 2. genügt wird.

5. In causa des Seidenfabrikanten Borsche et Consorten ./. die Fabrikantin Thiele beträgt der Gegenstand 120. Bobinen nach dem Gutachten der Sachverständigen ohngefähr 8 gr. an Wert. Wegen einer so großen Kleinigkeit hätten die Fabrikanten Palmier und Girand zur eidlichen Bestärckung des Eigenthums um so weniger angehalten werden sollen, als die Bobinen mit ihren Namenszeichen marquirt waren, die Denunciatin solches nicht bezweifelte, und die Absicht der Denuncation: die etwaigen untreuen Arbeiter in den Fabriken auszuforschen nicht erreicht ward. Daher auch die Denunciation zurückgenommen worden. Die Instruenten müssen künftigzumal in solchen äußerst unwichtigen Sachen die Eide möglichst zu vermeiden suchen, allenfalls sich darüber von dem Collegio Belehrung erbitten.

6. Eben diese ad 5. bemerckte Sache kann als Beweis gelten, daß bei der Einleitung nicht allemal mit gehöriger Circumspection in Erwägung gezogen wird, ob die Klage als eine Civil oder Criminal-Sache zu instruieren.

7. Wo das Objekt über 30 rthl. beträgt, müssen die vorschriftsmäßigen Stempel adhibirt werden. Denn die Vorschrift im Reglement vom 23 ten December 1792 daß nur bei Objekten von 100 rthl. und drüber, Gebüren genommen werden dürfen, schließt den Stempel Ansatz in Sachen über 30 rthl. nicht aus.
conf. acta Abraham Meyer ./. Carl Marwie de 1794.
Schenck ./. Neo de 1796

8. Ist dem Fabriken Gericht in dem Reglement vom 23ten December 1792. §. 10. in CriminalSachen deren Gegenstand über 10 rthl. beträgt, die Abfaßung des Erkenntnißes nicht beigelegt.
Gleichwohl ist in Sachen des Fabrikant Simon ./. den Weber Meyer de 1794 wo das entwendete Garn 20 rthl. betrug, das Erkenntniß von dem Fabriken Gericht angefertigt worden.
Bei der Untersuchung selbst war kein Protokollführer adhibirt, auch sind Acta reponirt worden, ohne von dem Gefangenen Inspector attestirt ist, ob der zur gefängniß Strafe verurteilte, diese Strafe abgesessen habe.

9. Müssen die Protokollführer, oder wenn dergleichen zuzuziehen nicht nöthig gewesen, der registrator die rotuli vor den Acten anzufertigen.

10. Letzterer muß auch künftig nicht unterlassen, nach Vorschrift des allgemeinen Registratur Reglements §. 26. den zu leichterer Auffindung der Acten nützlichen unterwärts eine Handbreit hervorragenden Zettul einzuheften, und darauf den Buchstaben und die Nummer, unter welchen die acte im repertorio eingetragen stehet, nebst den Namen der Partheien zu verzeichnen.
Sobald acten reponirt worden, ist die Vorschrift §. 29. loc. cit. zu beobachten.
Wir verhoffen, daß Ihr diesen Anweisungen überall künftig prompt und auf das Genaueste genügen werdet, und sind Euch in Gnaden gewogen.
Berlin, den 30ten Novbr 1797
Auf seiner Königlichen Majestät allergnädigsten Spezial-Befehl

Goldbeck Struensee

LITERATUR- UND QUELLENVERZEICHNIS

1. Werke einzelner Autoren

Albert Ballhorn, Das Polizei-Präsidium zu Berlin, Berlin 1852.

Friedrich Ballhorn, Geschichte der Stadt Oranienburg, Berlin 1850.

Luise Bamberger, Beiträge zur Geschichte der Luckenwalder Textilindustrie, in: Forschungen zur brandenburgischen und preußischen Geschichte (FBPG), Bd. 29.

Auguste Dorothea Bensch, Die Entwicklung der Berliner Porzellanindustrie unter Friedrich dem Großen, Berlin 1928.

Gustav Alexander Bielitz, Praktischer Kommentar zum Allgemeinen Landrecht für die preußischen Staaten, Erfurt 1828.

Erich Buchholz, Sozialistische Kriminologie, Berlin 1971.

Herrmann von Caemmerer, Der Begriff Kurmark im 17. und 18. Jahrhundert, in: FBPG Bd. 29, 1916, S. 91 ff.

Christoph Derix, Die brandenburgisch-preußische Kriminalpolitik im Herzogtum von Cleve 1609 bis 1794, Jur. Inaugural-Dissertation, Marburg 1967.

Jacobi Döpleri, Theatrum poenarum, suppliciciorum et executionum criminalium oder Schauplatz derer Leibes- und Lebens-Straffen, Sondershausen 1693.

Friedrich Engels, Die Lage der arbeitenden Klasse in England, MEW Bd. 2, S. 232 ff.

–, Die preußische Verfassung, MEW Bd. 4, S. 30 ff.

–, Brief an Karl Marx vom 15. Dezember 1882, MEW Bd. 35, S. 128.

Friedrich II., König von Preußen: Die Eigenliebe als Moralprinzip, in: Die Werke Friedrichs des Großen (in deutscher Übersetzung), herausgegeben von Gustav Berthold Volz, Berlin 1913, Band 8.

–, Über die Gründe, Gesetze einzuführen oder abzuschaffen, ebenda.

–, Regierungsformen und Herrscherpflichten, ebenda, Band 7.

Horst Heinrich Gellbach, Arbeitsvertragsrecht der Fabrikarbeiter im 18. Jahrhundert, Rechtswiss. Dissertation, München 1939.

Bruno Gloger, Der Potsdamer Steuerrat, Phil. Dissertation, Berlin 1957.

Walter Gressel, Erinnerungen an die Tätigkeit der Gewerbe- und Kaufmannsgerichte, in: Arbeit und Arbeitsrecht, Nr. 2/1975.

Hugo Hälschner, Geschichte des Brandenburgisch-Preußischen Strafrechts, Bonn 1855.

Wilhelm Hassenstein, Zur Geschichte der königlichen Gewehrfabrik in Spandau, in: Beiträge zur Geschichte der Technik und Industrie, Jahrbuch des Vereins deutscher Ingenieure, Band IV, 1912.

Erika Herzfeld, Klassenkämpfe in der Kur und Mark Brandenburg während der schwedisch-brandenburgischen Auseinandersetzungen des Jahres 1675, Phil. Diss., Berlin 1961.

Uwe-Jens Heuer, Die Auseinandersetzungen um die Prinzipien des allgemeinen Landrechts, Rechtswiss. Diss., Berlin 1956.

Bernhard Hesslein, Berlins berühmte und berüchtigte Häuser aus der Vergangenheit und Gegenwart, Berlin 1881.

Carl Hinrichs, Acta Borrussica, Die Wollindustrie in Preußen unter Friedrich Wilhelm I., Berlin 1933.

Otto Hintze, Ein Berliner Kaufmann aus der Zeit Friedrich des Großen (Johann Ernst Gotzkowsky), Berlin 1893, in: Schriften des Vereins für die Geschichte Berlins, Heft XXX.

Kurt Hinze, Die Arbeiterfrage zu Beginn des modernen Kapitalismus in Brandenburg-Preußen, in: Veröffentlichungen der Historischen Kommission zu Berlin beim Friedrich-Meinecke Institut der Freien Universität Berlin, Bd. 9, Neudrucke Bd. 1, Berlin 1963.

Hildegard Hoffmann, Die gewerbliche Produktion Preußens im Jahre 1769 aufgrund des statistischen Taschenbuches des Dodo Frh. v. Knyphausen, Wirtsch. wiss. Dissertation, Berlin 1957.

–, Bemerkungen und Gedanken zu: Kurt Hinze, Die Arbeiterfrage zu Beginn des modernen Kapitalismus in Brandenburg-Preußen 1685–1806, in: Jahrbuch für Wirtschaftsgeschichte, 1966 Teil IV, S. 271 ff.

Friedrich Holtze, Das juristische Berlin beim Tode des ersten Königs, Berlin 1892, in: Schriften des Vereins für die Geschichte Berlins, Heft XXIX.

–, Strafrechtspflege unter König Friedrich Wilhelm I., Berlin 1894.

Carl Ferdinand Hommel, Teutscher Flavius, Bayreuth 1775.

Ruth Hoppe, Dokumente zur Geschichte der Lage des arbeitenden Kindes in Deutschland von 1700 bis zur Gegenwart, in: Die Geschichte der Lage der Arbeiter unter dem Kapitalismus, Bd. 20, Berlin 1969.

Alfred Hueck und H. C. Nipperdey, Lehrbuch des Arbeitsrechts, Berlin, Leipzig 1931.

Johann Heinrich Gottlob von Justi, Abhandlung von denen Manufactur- und Fabriken-Reglements, Berlin und Leipzig 1762.

–, Vollständige Abhandlung von denen Manufacturen und Fabriken, Kopenhagen 1758–1761 (1. + 2. Theil).

–, Grundsätze der Policeywissenschaft, Göttingen 1782, im Nachdruck: Frankfurt a. M. 1969.

–, Historische und juristische Schriften, Frankfurt und Leipzig 1760/61.

Heinz Kathe, Tagung über den preußisch-deutschen Militarismus und den antiimperialistischen Kampf der deutschen Arbeiterklasse, in: Wissenschaftliche Mitteilungen der Historiker-Gesellschaft der DDR – 1974/I, S. 71 ff.

Arnost Klima, Zur Frage des Übergangs vom Feudalismus zum Kapitalismus in der Industrieproduktion in Mitteleuropa, in: Probleme der Ökonomie und Politik in den Beziehungen zwischen Ost- und Westeuropa vom 17. Jahrhundert bis zur Gegenwart, Berlin 1960.

Reinhold Koser, Geschichte Friedrichs des Großen, Stuttgart und Berlin 1912.

Horst Krüger, Zur Geschichte der Manufakturen und der Manufakturarbeiter in Preußen, in: Schriftenreihe des Instituts für allgemeine Geschichte an der Humboldt-Universität Berlin, Bd. 3, Berlin 1958.

Jürgen Kuczynski, Studien zur Geschichte der Lage der Arbeiterin in Deutschland von 1700 bis zur Gegenwart, in: Die Geschichte der Lage der Arbeiter unter dem Kapitalismus, Bd. 18, Berlin 1963.

–, Studien zur Geschichte der Lage des arbeitenden Kindes in Deutschland von 1700 bis zur Gegenwart, in: Die Geschichte der Lage der Arbeiter unter dem Kapitalismus, Bd. 19, Berlin 1968.

Ernst Lenhoff, Das ländliche Gesindewesen in der Kurmark Brandenburg vom 16. bis 19. Jahrhundert, in: Untersuchungen zur Deutschen Staats- und Rechtsgeschichte, 79. Heft, Breslau 1906.

Adolf Löwe, Arbeitslosigkeit und Kriminalität, in: Abhandlungen des Kriminalistischen Instituts an der Universität Berlin, Dritte Folge, Erster Band, 4. Heft, Berlin 1914.

Karl Marx, Friedrich Engels, Manifest der Kommunistischen Partei, in: Marx/Engels, Werke (MEW) Bd. 4, S. 459 ff.

Karl Marx, Das Kapital, MEW Bd. 23, 24 und 25.

–, Die Todesstrafe – Copdens Pamphlet – Anordnungen der Bank von England, MEW Bd. 8, S. 508.

Hieronimus Christoph Meckbach, Anmerkungen über Kayser Carl des V. und des H. R. Reichs Peinliche Halßgerichts-Ordnung, Jena 1756.

Franz Mehring, Zur Preußischen Geschichte vom Mittelalter bis Jena, Berlin 1930.

Hermann Adolph Meinders, Unvorgreifliche Gedanken und Monita, wie in denen Hexenprozessen und der Inquisition wegen der Zauberei . . ., 1716.

Ingrid Mittenzwei, Zur Klassenentwicklung des Handels- und Manufakturbürgertums in den deutschen Territorialstaaten, in: Zeitschrift für Geschichtswissenschaft, Nr. 2/1975, S. 179 ff.

Hans Mottek, Wirtschaftsgeschichte Deutschlands, Bd. 1, 5. Auflage, Berlin 1968.

Erich Neuss, Die Entstehung und Entwicklung der Klasse der besitzlosen Lohnarbeiter in Halle, in: Abhandlungen der Sächsischen Akademie der Wissenschaften zu Leipzig, Phil.-hist. Klasse, Bd. 51, Heft 1, Berlin 1958.

Karl August Eckhardt, und Hans Planitz: Deutsche Rechtsgeschichte, Graz und Köln 1971.

Eberhard Schmidt, Entwicklung und Vollzug der Freiheitsstrafe in Brandenburg-Preußen bis zum Ausgang des 18. Jahrhunderts, in: Abhandlungen des kriminalistischen Instituts an der Universität Berlin, 3. Folge, 2. Band, 2. Heft, Berlin 1915.

–, Fiskalat und Strafprozeß, in: Veröffentlichungen des Vereins für die Geschichte der Mark Brandenburg, München und Berlin 1921.

–, Die Kriminalpolitik Preußens unter Friedrich Wilhelm I. und Friedrich II., in: Abhandlungen des kriminalistischen Instituts an der Universität Berlin, Dritte Folge, Erster Band, 2. Heft, Berlin 1914.

–, Rechtsentwicklung in Preußen, in: Enzyklopädie der Rechts- und Staatswissenschaft, Band 6, Berlin 1923.

–, Rechtssprüche und Machtsprüche der preußischen Könige des 18. Jahrhunderts, in: Berichte über die Verhandlungen der Sächsischen Akademie der Wissenschaften zu Leipzig, Philologisch-historische Klasse, 95. Band, 1943, 3. Heft, Leipzig 1943.

Dietmar Seidel/Günther Wiesel, Krimineller Profit – profitable Kriminalität, Berlin 1982.

Christian Thomasius, Über die Folter, Weimar 1960.

Klaus Vetter und Günter Vogler, Preußen – von den Anfängen bis zur Reichsgründung, Berlin 1970.

Gustav Berthold Volz, s. Friedrich II., König von Preußen.

Günther Wiesel, s. Dietmar Seidel.

Ferdinand Willenbücher, Die strafrechtsphilosophischen Anschauungen Friedrichs des Großen. in: Strafrechtliche Abhandlungen, Heft 56, Breslau 1904.

2. *Gesetzessammlungen, Anonyma und lexikalische Artikel*

Abhandlungen der Akademie der Wissenschaften der DDR, Jahrgang 1975 Nr. W 3.

Allgemeines Landrecht für die Preussischen Staaten, 1794.

Mylius Corpus Constitutionum Marchicarum (Abk.: CCM).

Continuatio Corporis Constitutionum Marchicarum (Abk.: Cont. CCM).

Novum Corpus Constitutionum Prussico Brandenburgensium praecipue Marchicarum (Abk.: NCC).

Johann Andreas Ortloff, Corpus Juris Opificarii oder Sammlung von allgemeinen Innungsgesetzen und Verordnungen für die Handwerker, Erlangen 1820.

Gustav Radbruch, Die Peinliche Gerichtsordnung Kaiser Karls V. von 1532 (Carolina).

Das preußische Fabrik- und Manufakturwesen, Berlin 1800.

Artikel „Manufaktur" aus der von Diderot und d'Alambert herausgegebenen Enzyklopädie, Leipzig 1972.

Artikel „Manufakturen", in: Großes Universal-Lexikon Aller Wissenschaften und Künste, welche bishero durch menschlichen Verstand und Witz erfunden worden, verlegt bei Johann Heinrich Zedler, Halle und Leipzig 1739, Band 19.

3. *Archivalische Quellen*

a) Zentrales Staatsarchiv, Dienststelle Merseburg

General-Direktorium,
Fabriken-Departement:

Tit. LXXXX	No. 16
	No. 44
Tit. CCXLI	No. 50
Tit. CCLVIII	No. 53
Tit. CDXXXIX	No. 11
Tit. CDLXXI	No. 1
Tit. DXI	No. 1
	No. 20

Rep. 9,
Allgemeine Verwaltung:

C 6 c 1	Fasc. 1, 2, 3, 5, 8
C 6 c 2	Fasc. 1, 13, 14
E 16^{II}	Fasc. 3, 4, 5
JJ 12 d	1713–1790
K Lit. C	Fasc. 7
LL 4 – LL 4b	

b) Staatsarchiv Potsdam

Provinz Brandenburg:

Rep. 19 Steuerrat Potsdam,

Generalia II
A Nr. 3
W 18 Nr. 405

Generalia III
G Nr. 30

Rep. 30 A	Berlin, Polizeidirektorium
Tit. 12	Nr. 79
Tit. 369	Nr. 6 (früher Tit. 39)
Tit. 140	Nr. 1

c) Staatsarchiv Magdeburg

Rep. A 5 b 1 – S 1, T 1

Kolibri 360 GmbH
Ferdinand-Jühlke-Straße 7
99095 Erfurt, Deutschland
produktsicherheit@kolibri360.de